AF237954

# NÉSTOR MAKHNO

Título: Néstor Makhno. Antología de escritos
Autoría: Néstor Makhno


1a edición 2014, Barcelona.
2a edición, 2022 Barcelona.
3a edición, marzo del 2026, Barcelona.

Colección *Idees Negres*
Descontrol Editorial
C/ Constitució nº 19, Can Batlló, nau 80, 08014 Barcelona
www.descontrol.cat  Telf. 93 4223787


ISBN: 979-13-87791-09-4
Depósito Legal: B 24341-2025


**Edición y maquetación:** Descontrol Editorial  //  editorial@descontrol.cat
**Impreso en:** Descontrol Impremta  //  impremta@descontrol.cat
**Distribuye:** Descontrol Distribució  //  distribucio@descontrol.cat

---

# NÉSTOR MAKHNO

## ANTOLOGÍA DE ESCRITOS

PRÓLOGO DE ARTHUR CASTRO Y FELIPE CORRÊA

Néstor Ivánovich Makhno
(1888-1934)

# ÍNDICE

# INTRODUCCIÓN

En un contexto marcado por múltiples crisis globales —el ascenso de la extrema derecha, la inminencia del colapso climático, el aumento de la desigualdad social y el estallido del mayor número de conflictos militares desde la Segunda Guerra Mundial—, el anarquismo es frecuentemente e injustamente rechazado. Los críticos, tanto de derecha como de izquierda, lo etiquetan, en el mejor de los casos, como una «bella utopía», una filosofía noble en sus ideales éticos, pero supuestamente ingenua, caótica e incapaz de organizar la complejidad social o de abordar el mundo real. La publicación de esta colección de textos es una intervención necesaria en este complejo contexto; ella contribuye a contrarrestar estas críticas infundadas y a ampliar el espacio para el anarquismo en los debates contemporáneos dentro de la izquierda en general y de la izquierda revolucionaria en particular.

Durante la agitación desatada por la Revolución de Febrero en Rusia en 1917, Néstor Makhno ascendió a la posición de líder popular de un movimiento que eventualmente llevaría su nombre, la *Makhnovshchina*, y encabezó uno de los experimentos más radicales de la historia de la humanidad. El *territorio liberado de Ucrania* fue una demostración práctica de que es posible implementar el anarquismo a gran escala, con la abolición del Estado y el capitalismo, mediante una revolución social basada en la expropiación directa e inmediata de la tierra y otros medios económicos, y la socialización de las decisiones políticas y los recursos (Skirda, *Néstor Makhno, Anarchy's Cossack*).

Este nuevo poder revolucionario difería drásticamente de los soviets que estaban siendo domesticados por los bolcheviques. Mientras que en Moscú y Petrogrado los consejos se convirtieron en correas de transmisión de un partido centralizado, en la Ucrania makhnovista siguieron siendo verdaderos órganos de autogestión, federados voluntariamente desde la base. En las asambleas ucranianas, las decisiones sobre la producción agrícola, la educación emancipadora y la justicia popular las tomaban los propios trabajadores, sin burócratas ni comisarios políticos. La profundidad de esta experiencia no pasó desapercibida para los veteranos del movimiento: Piotr Kropotkin mostró simpatía por el proceso, advirtiendo que «Makhno [...] debería tener cuidado consigo mismo, porque hay pocos hombres como él en Rusia». (Arshinov, *Historia del Movimiento Makhnovista*)

Militarmente, el Ejército Insurreccional Revolucionario de Ucrania, o «Ejército Negro», demostró que una fuerza armada basada en la disciplina voluntaria y en la elección democrática de comandantes podía derrotar a ejércitos profesionales, jerárquicos y mucho mejor equipados. La innovación táctica basada en la *tachanka* — una carreta campesina ligera y rápida, equipada con una ametralladora pesada en la parte trasera — combinaba movilidad y potencia de fuego de tal manera que confundía y derrotaba a generales experimentados, ya fueran del Imperio austrohúngaro, de las fuerzas nacionalistas o de la contrarrevolución zarista.

Sin embargo, fue la relación con los marxistas la que selló el destino de la *Makhnovshchina* y la que hoy nos ofrece la advertencia más severa. Los bolcheviques, bajo las órdenes directas de Lenin y Trotsky, se aliaron con Makhno contra la reacción blanca. Pero, tan pronto como se neutralizó el peligro común, lo que implicó un sacrificio considerable por parte de las tropas makhnovistas, los bolcheviques volvieron sus armas contra sus aliados. El resultado fue el arresto de comandantes en emboscadas, la ejecución masiva de militantes y el desmantelamiento de las instituciones libres por la fuerza (Skirda, *Néstor Makhno, Anarchy's Cossack*; Arshinov, *Historia del Movimiento Makhnovista*).

Esta sangrienta experiencia constituyó lo que Murray Bookchin denominó un esfuerzo hacia la «tercera revolución» en Rusia. Una revolución que radicalizaría las experiencias de la primera y la segunda, llevadas a cabo respectivamente en febrero y octubre de 1917, que iría más allá del derrocamiento del absolutismo y la burguesía liberal, y que avanzaría hacia la confrontación con la naciente burocracia del partido-Estado bolchevique (Bookchin, *The Third Revolution*, vol. III).

Para cualquier persona interesada en la Revolución Rusa, Néstor Ivánovich Makhno, anarquista ucraniano vinculado a un intento de revolución social, es una figura familiar. El experimento en el que participó activamente tuvo lugar durante los años decisivos de 1917 a 1921 e involucró a millones de habitantes del sur de Ucrania. Makhno y sus camaradas se vieron obligados a organizar la defensa armada de sus conquistas sociales, y por esta razón, aún hoy, se les conoce principalmente como los artífices de un vasto movimiento insurgente. Esto es especialmente cierto porque su lucha fue fundamental para el destino de la Revolución Rusa y, por extensión, para el curso del siglo XX (Skirda, *Néstor Makhno, Anarchy's Cossack*).

Este experimento revolucionario consolidó la comprensión de Makhno sobre la naturaleza del Estado, una lección que resonó durante décadas. Incluso un Estado que se autoproclama «obrero», «popular» o «socialista» posee una lógica interna de autopreservación, centralización y monopolio de la violencia, inherentemente hostil a la emancipación popular. En Rusia y Ucrania, el proyecto socialista bolchevique perpetuó la opresión de obreros, campesinos y trabajadores en general; la burocracia del partido se convertía en una nueva clase dominante. Este episodio también reforzó en Makhno la noción de que, para que un proyecto socialista acabara verdaderamente con las clases sociales y liberara a los trabajadores de sus diversas formas de dominación, sería esencial promover una lucha de clases que fuera simultáneamente anticapitalista y antiestatista, y que estimulara los instrumentos y procesos de autogestión popular durante la lucha revolucionaria.

Durante su amargo exilio en París, tras la derrota militar de 1921, Makhno desarrolló sus contribuciones teóricas más maduras. Entre otros temas, avanzó considerablemente en la cuestión de la organización política anarquista, lo cual generó controversias en los círculos libertarios de Francia y de otros países. El documento más importante sobre este tema es «La Plataforma Organizacional de la Unión General de los Anarquistas», escrita por Makhno, Piotr Arshinov, Ida Mett y otros miembros del Grupo de Anarquistas Rusos en el Extranjero, y publicada en 1926 en la revista *Dielo Truda*.

La «Plataforma» expresó una reflexión crítica y autocrítica sobre el proceso revolucionario en Rusia y Ucrania. Partió de reflexiones previas de sus miembros, entre ellos el propio Makhno, quien el año anterior había declarado que uno de los factores importantes en la derrota de la revolución fue «la ausencia de una gran organización específica, capaz de oponer sus fuerzas vitales a los enemigos de la revolución, la ha hecho impotente para asumir un papel organizativo». (Makhno, «Nuestra Organización») Y que, por lo tanto, a partir de ese momento, era necesario crear una «Unión de Anarquistas, construída sobre los principios de la disciplina colectiva y la dirección común de todas las fuerzas anarquistas» (Makhno, «El Anarquismo y Nuestro Tiempo»).

Tras diagnosticar que el anarquismo había fracasado en la Revolución Rusa por carecer de una estructura organizativa sólida, la «Plataforma» propuso como solución un modelo organizativo para los anarquistas basado en cuatro pilares: unidad teórica, unidad táctica, responsabilidad colectiva y federalismo. Una organización política que debía tener una línea clara desde la cual sus miembros actuaran de forma cohesionada y disciplinada (*Dielo Truda*, «La Plataforma Organizacional de la Unión General de los Anarquistas»)

En un siglo XXI marcado por movimientos de masas que estallan con una energía furiosa —desde Occupy Wall Street en Estados Unidos hasta los chalecos amarillos en Francia—, pero que también se disipan con frecuencia por falta de dirección estratégica, la insistencia de Makhno y sus compañeros en la organización seria y estructurada presenta una posición vital. Esto pues ofrece una solución que rechaza tanto el espontaneísmo ingenuo, a menudo presente en el campo libertario, como el centralismo autoritario de los leninistas.

Críticos de la época (y muchos incluso hoy) acusaron a la «Plataforma» de ser un intento de bolchevizar el anarquismo. Nada más lejos de la verdad. En realidad, el proyecto de los miembros de *Dielo Truda* no representaba más que un intento de volver a las raíces del anarquismo de Mikhail Bakunin. El anarquismo bakuniniano proponía un dualismo organizacional que articulaba, por un lado, la Alianza, una organización de cuadros (partido) anarquista, y, por otro, la Internacional, una organización de masas de trabajadores. Las líneas propuestas por Bakunin para la Alianza son muy similares a las establecidas en la «Plataforma»:

> Esta organización de cuadros o partido anarquista constituye un nivel organizativo complementario al nivel de masas. Ella no pretende imponerse a las masas ni protagonizar el proceso revolucionario. Su doble objetivo consiste, por un lado, en estimular el fortalecimiento y la radicalización de la organización de masas; por otro, en garantizar la preponderancia de las posiciones anarquistas en las disputas internas de esta organización. Con ello, pretende motivar a las masas a avanzar para que, por sí mismas, protagonicen una revolución social y construyan una sociedad socialista y libertaria. [...] Es una organización de minoría, un «partido de cuadros», con principios, programa estratégico y criterios de conducta comunes, obligatoriamente compartidos por sus miembros, además de una amplia democracia interna, basada en el federalismo y la autogestión.[1]

La publicación de la «Plataforma» dio lugar a uno de los debates más enriquecedores de la historia del anarquismo. Entre las

---

[1] (Corrêa, «A Teoria da Organização Política (Partido) Anarquista em Bakunin»)

diversas intervenciones, destacó el debate entre Makhno y Errico Malatesta. Inicialmente muy crítico, acusando a la «Plataforma» de romper con el propio anarquismo y temiendo que la «responsabilidad colectiva» que proponía sofocara la iniciativa individual, Malatesta moderó sus críticas y revisó su postura a lo largo del proceso. Terminó reconociendo las sinceras intenciones de los autores de la «Plataforma», así como la necesidad de superar la desorganización de los anarquistas. Aun manteniendo ciertas diferencias con el proyecto de los rusos, Malatesta declaró en 1930 estar «sustancialmente de acuerdo» con él, identificando una «identidad de propósitos» con sus propias concepciones (ITHA, «Dossiê A Plataforma Organizacional»).

La semilla que plantó la «Plataforma» germinó en diversas partes del mundo. En Bulgaria, la Federación de los Anarcocomunistas de Bulgaria (FAKB) adoptó el modelo plataformista en su lucha contra el fascismo y el estalinismo entre las décadas de 1920 y 1940. En Francia, el legado plataformista se consolidó en la Federación Comunista Libertaria (FCL) y la resistencia argelina a lo largo de la década de 1950, así como en teóricos como Georges Fontenis y Daniel Guérin (Corrêa e Viana, «Bakunin, Malatesta y el Debate de la Plataforma»). En España, figuras como el comandante militar anarquista Buenaventura Durruti mantuvieron un estrecho contacto con Makhno en París. Absorbieron no solo los conceptos expuestos en la «Plataforma», sino también sus lecciones de estrategia militar y política, que resultaron vitales unos años después en la Revolución Española de 1936 (Collins, *Ukraine, 1918-21 and Spain, 1936-39*).

Desde luego, Makhno no debe ser santificado, pues fue un hombre con problemas, como cada uno de nosotros. Sin embargo, sus contribuciones prácticas y teóricas son fundamentales para el anarquismo de ayer y de hoy. En términos generales, coincidimos con Arshinov en que:

el ideal del anarquismo es grande y rico en su multiplicidad. [...] Su fin es ayudar a éstas a entrar en la vía justa de la lucha y de la edificación de la sociedad nueva. En tanto que el movimiento no haya entrado en la vía de la colisión decisiva, su deber es ayudar a las masas a darse cuenta de la significación de la lucha que les espera, a definir sus tareas y sus fines; deberá ofrecer su concurso para que éstas tomen las disposiciones de combate necesarias y organicen sus fuerzas. Si el movimiento ha pasado ya el período del conflicto decisivo, los anarquistas deberán entrar en él sin perder un minuto; deberán hacer todo lo que puedan para ayudar a las masas a liberarse de las desviaciones erróneas; deberán mantener su ímpetu en la dirección de los primeros ensayos creadores, servirles con el pensamiento, tratando de que la lucha entre en el verdadero camino que conduce a las aspiraciones esenciales de los trabajadores. [...] El anarquismo debe penetrar en el corazón de las masas, fundirse con ellas.[2]

En términos específicos, entre las numerosas contribuciones que ofrece este libro, destacamos dos. En primer lugar, la recuperación del análisis crítico de una experiencia en la que el anarquismo dejó de ser una mera idea abstracta para convertirse en una fuerza material histórica, un amplio movimiento social de las masas trabajadoras, capaz de intervenir decisivamente en la lucha de clases. En segundo lugar, las reflexiones sobre el plataformismo y su intento de adecuar el programa político libertario a las necesidades reales, enseñando que la organización y la disciplina no son fines en sí mismos, sino herramientas indispensables para promover y defender la revolución social.

Los siguientes textos ofrecen lecciones sobre cómo organizar la esperanza, defender la libertad frente a las fuerzas opositoras y, sobre todo, cómo evitar que la revolución sea devorada por

---

2    Arshinov, *Historia del Movimiento Makhnovista.*

quienes dicen liderarla. La tarea del lector es aprovechar estas herramientas teóricas y aplicarlas a la realidad, aspirando a construir hoy un poder popular autogestinario, capaz no solo de resistir, sino también de avanzar y vencer.

Arthur Castro y Felipe Corrêa
Brasil, diciembre de 2025

# Sobre Néstor Makhno

Fue, si no recuerdo mal, a principios de 1923, cuando el conocido líder guerrillero, Néstor Makhno, llegó a Berlín y se quedó con nosotros durante un breve periodo de tiempo. Ya había oído muchas cosas sobre el rebelde, que durante tres años fue el alma del gran movimiento popular insurreccional en Ucrania y que, con su energía y determinación, consiguió cosas verdaderamente increíbles. Cuando me visitó por primera vez en compañía de Voline, me sentí un poco decepcionado al ver ante mí a un hombre pequeño cuyo aspecto exterior no correspondía con nada de lo que había oído sobre él. Solo su rostro enérgico y audaz, con sus ojos sombríos, delataba el poder desenfrenado y fabuloso que habitaba en su interior. De hecho, probablemente pocas personas podían presumir de haber tenido una vida tan tumultuosa y aventurera.

Néstor Ivanovich Makhno nació en octubre de 1889 en el pueblo de Gulai-Pole, en la provincia de Ekaterinoslav. Procedía de una familia de campesinos pobres, y como su padre murió cuando Néstor era un niño de once meses, aprendió pronto, en el círculo de su madre y de sus otros hermanos, a conocer la vida desde su lado más amargo. Cuando era un niño de siete años tuvo que contribuir al mantenimiento de la familia como pastor y más tarde se ganó la vida como simple jornalero del campo para los ricos terratenientes de los alrededores. Sólo podía asistir a las paupérrimas escuelas primarias de su pueblo durante los meses de invierno, por lo que su educación apenas iba más allá de los conocimientos más primitivos de lectura y escritura. Makhno fue un rebelde nato que se rebeló muy pronto contra la «tiranía de las circunstancias» bajo la que se vio obligado a vivir. Pero sólo después del estallido de la revolución de 1905 entró en contacto con el mundo exterior y se unió a los anarquistas comunistas a la edad de diecisiete años. Atrevido hasta la audacia por naturaleza, participó en toda una serie de empresas revolucionarias y peligrosas hasta que cayó en manos de la policía zarista en 1908. Ese mismo año fue condenado a muerte por su pertenencia al movimiento anarquista y por diversos actos terroristas; sin embargo, debido a su inmadurez ante la ley, la sentencia se cambió pronto por la de cadena perpetua. Cumplió su condena en la prisión de Butyrka, en Moscú. Como a menudo se rebelaba contra las humillaciones que tenía que soportar, fue castigado con frecuencia y estuvo encadenado de pies y manos todo el tiempo que duró su largo encarcelamiento. Debido a su estancia en la gélida celda, Makhno contrajo una tuberculosis pulmonar de la que nunca se recuperó para el resto de su vida. Pero aunque tuvo que soportar mucha crueldad durante su encarcelamiento, también se le dieron muchas oportunidades para fomentar su desarrollo intelectual. Como la mayoría de los presos políticos de la época zarista, la prisión se convirtió en una escuela para él, donde podía aprovechar sus horas libres para realizar un trabajo útil. Bajo la dirección de otros presos, aprendió la gramática de la lengua rusa y leyó varios libros sobre historia cultural y cuestiones económicas.

Cuando por fin, en 1917, el levantamiento de Marzo en Moscú puso fin a su encarcelamiento, Makhno se apresuró inmediatamente a regresar a su pueblo y desarrolló una actividad febril. Organizó a los campesinos pobres y a los trabajadores del campo de los alrededores y formó un consejo de campesinos y trabajadores en su distrito. En el proceso pronto descubriría que tenía una habilidad inherente de la que hasta entonces no tenía ni idea. Cuando, tras el tratado de paz de Brest-Litovsk en marzo de 1918, los alemanes y los austriacos ocuparon toda Ucrania y dieron su protección al gobierno de Hetman Skoropadski, Makhno organizó un Ejército libre revolucionario y se retiró con él a Taganrok y Tsaritsyn con una lucha continua. En agosto de ese mismo año reapareció en su distrito natal, aunque el gobierno lo había declarado proscrito, y dirigió una lucha sin cuartel contra los grandes terratenientes y las tropas de la Rada reaccionaria. En adelante, Makhno luchó contra todos los enemigos del pueblo: contra los alemanes y austriacos y las tropas de Skoropadski, contra los levantamientos contrarrevolucionarios de Petlyura, Denikin y Wrangel y, más tarde, contra el Ejército Rojo cuando el gobierno bolchevique rompió el acuerdo que había hecho con él. La administración militar alemana había puesto precio a su cabeza y, al no poder apresarlo ella misma, se vengó quemando la casa de su madre y haciendo fusilar a su hermano mayor Emelyan, inválido de guerra.

Makhno demostró ser un maestro de la guerra a pequeña escala en todas estas batallas y se convirtió en un líder guerrillero de gran estilo. Su propio ejército era una entidad extraña; estaba en todas partes y en ninguna. A menudo parecía haber desaparecido del todo o haberse dispersado en pequeños grupos por todo el país. Pero en cuanto Makhno inició una gran acción y dio la señal, miles de campesinos rebeldes acudieron a él, encomendándose a su liderazgo. Sólo así puede explicarse que desde noviembre de 1918 hasta junio de 1919 fuera capaz de mantener un frente de más de cien kilómetros contra las disciplinadas tropas de Denikin. Cuando finalmente se vio obligado a retirarse bajo una lucha continua porque la ayuda que le habían prometido no llegaba, Denikin consiguió avanzar hasta Criol y amenazar así a Moscú. Sólo cuando, en septiembre y octubre de 1919, Makhno fue capaz de tomar la base de artillería más fuerte de Denikin en Ucrania, destruir sus reservas y cortar todos los suministros a su ejército, la derrota de Denikin quedó sellada.

El hecho de que Makhno fuera capaz de mantenerse en el campo durante tres años y de inspirar repetidamente la resistencia de amplios sectores de la población, de su patria más cercana, se debió a que los trabajadores y los campesinos más pobres le eran fieles y veían en él al guardián y protector de sus intereses sociales. Como él mismo procedía de las capas más pobres de la población, estaba arraigado a ellas por la tradición y la experiencia.

Desde el principio, este movimiento fue una espina en el costado de los gobernantes rojos del Kremlin y especialmente de Trotsky. Trotsky por la misma razón que, como Ministro de Guerra, le resultaba difícil superar el hecho de que fuera de la dictadura bolchevique todavía existía un amplio y poderoso movimiento popular que no estaba sujeto a su autoridad y que, sin embargo, tenía grandes y decisivos éxitos militares que registrar. Mientras los bolcheviques estuvieran todavía seriamente amenazados por la propia contrarrevolución no podían, naturalmente, atreverse a dar un gran golpe contra Makhno y sus seguidores, tanto menos cuanto que la Makhnovtschina les prestó los mejores y, en el caso de Denikin, incluso decisivos servicios en la lucha contra Petlyura, Grigorjeff y Wrangel. Así, la posición de la prensa bolchevique frente a Makhno era muy diferente y cambiaba constantemente, según las circunstancias. Mientras se necesitó a Makhno, fue celebrado en los periódicos comunistas como el «gran héroe popular de Ucrania», el «verdadero guardián de la revolución obrera y campesina», y elevado a las nubes. Pero apenas se alejó el peligro respectivo fue denunciado en los mismos periódicos como «vulgar bandido», «organizador de pogromos judíos» y «contrarrevolucionario». Este juego se repitió tres veces en tres años. El más despreciable en este sentido fue Trotsky, que llegó a calificar a la Makhnovtshina de instrumento de los grandes campesinos (kulaki) para darles el dominio sobre toda Rusia; una mentira palpable, ya que Trotsky sabía perfectamente que los grandes terratenientes de Ucrania en el momento de la invasión austro-alemana estaban del lado de los invasores extranjeros y del hetman Skoropadski, al que Makhno había combatido con mayor fiereza; también hicieron inmediatamente causa común con Petlyura, Denikin y Wrangel en todos los levantamientos contrarrevolucionarios, contra los que Makhno y su movimiento libraron una lucha hasta el final durante tres años.

Si se quiere tener una idea clara del verdadero carácter de aquellas exorbitantes calumnias que la prensa bolchevique difundió en aquellos años sobre Makhno y su movimiento, de donde pasaron a la prensa comunista de todo el mundo, basta con leer el tratado que el gobierno bolchevique concluyó con Makhno en octubre de 1920. Este tratado se produjo cuando el gobierno estaba muy presionado por el general blanco Wrangel y, por tanto, tuvo que decidir una alianza con Makhno. La parte política de ese tratado fue firmada por Y. Yakovlev en nombre del gobierno soviético; Kurilenko y Popoff firmaron por los Makhnowzys. La parte militar del tratado, que establecía las condiciones técnicas de la cooperación militar, fue firmada por el gobierno soviético por Frunse, el comandante del Frente Sur, y los dos miembros del Soviet de Guerra Revolucionaria del Frente Sur, Bela Kun y Gusev, mientras que por los makhnovistas Kurilenko y Popoff también firmaron esta parte del acuerdo. En la parte política, el gobierno soviético se comprometió a poner en libertad inmediatamente a todos los anarquistas y makhnovistas capturados, siempre que no hubieran combatido a la URSS con las armas en la mano, y a garantizarles la completa libertad de reunión, la libertad de prensa y la participación sin trabas en los soviets. De hecho, un gran número de conocidos anarquistas fueron liberados en ese momento, pero sólo para ser arrestados de nuevo después de que el peligro militar hubiera desaparecido.

¿Se puede suponer siquiera por un momento que el gobierno soviético habría concluido un acuerdo de tan largo alcance con Makhno si sus representantes hubieran estado realmente convencidos de que Makhno era realmente un «bandido», un «pogromista», un «contrarrevolucionario»?

Que los gobernantes del Kremlin nunca se tomaron en serio su tratado quedó claro cuando la derrota de Wrangel, a la que Makhno había contribuido en no poca medida, acabó con el último Ejército Blanco.

Apenas superado este peligro, el Ejército Rojo atacó repentinamente a sus antiguos aliados, sin duda por acuerdo previo. Makhno, que había sufrido grandes pérdidas en los duros combates con Wrangel, ya no era rival para el nuevo ataque. Rodeado por varias divisiones de caballería del Ejército Rojo, se abrió paso hasta la frontera rumana con un pequeño grupo en constante lucha. Cuando cruzaron la frontera, el pequeño grupo fue inmediatamente desarmado y puesto en un campo hasta que Makhno consiguió escapar a Polonia en la primavera de 1922. Allí fue detenido de nuevo y juzgado por presunta violación de los intereses polacos, pero posteriormente fue absuelto y puesto en libertad. A continuación se dirigió a Gdansk, donde fue detenido de nuevo e internado. Sin embargo, con la ayuda de algunos compañeros alemanes y rusos, consiguió salir del campo. En ese momento llegó a Berlín, donde permaneció sólo unas semanas hasta que pudo viajar a París.

Durante su corta estancia nos visitó a menudo, y como en aquella época el libro de Arschinoff sobre la «Makhnowstschina» aún no se había impreso, nos enteramos de algunos detalles interesantes a través de él.

Lo que más me llamó la atención de Makhno fue una extraña excitación por el hecho de que los bolcheviques lo hubieran condenado en todo el mundo como un «héroe del pogromo antisemita». El hecho de que le denunciaran como simple ladrón, contrarrevolucionario y defensor de los kulaki no parecía causarle especial impresión; pero el hecho de que pretendieran responsabilizarle de los innumerables pogromos judíos provocados en aquellos años por auténticos contrarrevolucionarios, en casi todas las partes de Ucrania, le resultaba intolerable. Todavía recuerdo con mucha claridad una escena que tuvo lugar en nuestro piso. Makhno vino de visita por la noche, y Mark Mratchny también estuvo presente.

Como siempre, nuestra conversación de aquella tarde giró en torno al gran movimiento de sublevación de Ucrania, sobre el que quería aprender todo lo posible. También se mencionó la calumnia de los bolcheviques sobre los supuestos esfuerzos antisemitas de la «Makhnovstchina». Cuando en esta ocasión Mratchny, ciertamente sin intención de ofender a Makhno, expresó su opinión de que en tiempos de guerra ningún jefe de ejército era capaz de responder por las acciones de todos los hombres de su ejército, Makhno se agitó repentinamente y dijo: «Entonces, ¿también eres de la opinión de que la acusación de los bolcheviques está basada en la verdad y que, efectivamente, hemos instigado pogromos?» Mratchny se sintió afectado, pues ciertamente ningún pensamiento estaba más alejado de su mente que éste; pero contestó con mucha calma: «No entiendo, Makhno, cómo puedes sacar esas conclusiones de mis palabras. Sólo quería afirmar que en todos los movimientos hay ovejas negras, de cuyos actos no se les puede responsabilizar. Tú mismo sabes mejor que nadie que incluso soldados del Ejército Rojo participaron en pogromos judíos y fueron fusilados por ello, sin que el gobierno bolchevique fuera considerado responsable de tales atropellos. Esto y no otra cosa era el sentido de mis palabras. Ni siquiera he afirmado que algunos de los suyos hayan participado en tales actos, porque no tengo ningún documento al respecto. Sólo quería decir que, aunque se hayan producido actos individuales de este tipo, no se debe juzgar a toda la 'Makhnovstschina' por ellos». Pero Makhno no se conformó con esta explicación lógica.

Makhno no permaneció mucho tiempo en Berlín y pronto se marchó a París. Al cabo de unos meses recibí una carta con una foto de él, su mujer y su hija. Lo demás que supe de él más tarde fue a través de Volin y de cartas de otros camaradas que lo conocían en París.

No fue bueno. La estancia de Makhno en París se convirtió en un largo y doloroso declive. Aunque al principio todavía albergaba la esperanza de que tarde o temprano podría volver a Rusia, poco a poco tuvo que convencerse, como tantos otros, de que eso ya no era una opción. El desconocimiento del idioma y el nuevo y extraño entorno, en el que no sabía cómo integrarse, hicieron que la situación fuera doblemente difícil para él. Estaba enfermo y vivía en condiciones muy precarias, lo que también le pesó moralmente y estropeó sus últimos años. Poco antes de la caída de la monarquía española, algunos camaradas españoles barajaron la idea de reclutar a Makhno como líder militar para un movimiento insurreccional en el norte de España. Pero el hombre gravemente enfermo ya no era capaz de hacerlo. También es probable que le resultara difícil conseguir en un país extranjero, cuya lengua y condiciones le eran completamente desconocidas, lo que pudo hacer en su propio país. Tras nuestra huida de Alemania, Milly y yo le vimos por última vez en París. La insidiosa enfermedad ya había devastado tanto su fuerza física que apenas le reconocíamos. Durante sus últimos años, intentó escribir la historia de sus luchas en Ucrania, pero no pudo completar la obra. El primer volumen se publicó en ruso y francés. Otros dos volúmenes en ruso no aparecieron hasta después de su muerte, en julio de 1935.

Rudolf Rocker

# El Gran Octubre en Ucrania (1917)

Octubre de 1917 es una gran etapa histórica de la revolución rusa. Esta etapa consiste en la toma de conciencia, por parte de los trabajadores de las ciudades y del campo, de sus derechos a tomar en sus manos su propia vida y su patrimonio social y económico: el cultivo de la tierra, las casas, las fábricas, las minas de carbón, los transportes, en fin, la educación que fue utilizada para despojar a nuestros antepasados de todos estos bienes.

Sin embargo, desde nuestro punto de vista, sería un gran error atribuir a octubre todo el contenido de la revolución rusa; en efecto, la revolución rusa se preparó durante los meses precedentes, período durante el cual los campesinos del campo y los obreros de las ciudades se apoderaron de lo esencial. En efecto, la revolución de febrero de 1917 sirve de símbolo a los trabajadores para su liberación económica y política. Sin embargo, ven que la revolución de febrero adopta en el curso de su desarrollo la forma degenerada propia de la burguesía liberal y, como tal, es incapaz de ponerse en el camino de la acción social.

Entonces los trabajadores sobrepasan inmediatamente los límites fijados por febrero y comienzan a cortar todos sus vínculos con su aspecto pseudo-revolucionario y sus objetivos.

Esta acción tiene dos principios en Ucrania. En este momento, el proletariado de las ciudades, considerando la débil influencia que ejercen sobre él los anarquistas, por un lado, y la falta de información política real y los problemas internos del país, por otro, considera que instalar a los bolcheviques en el poder se convierte en la tarea más urgente de la lucha iniciada para el desarrollo de la revolución, con el fin de sustituir la coalición de los socialistas revolucionarios de derecha y la burguesía.

Mientras tanto, en el campo, sobre todo en la parte de Zaporoga de Ucrania, donde la autocracia nunca pudo abolir por completo el espíritu libre, el campesinado trabajador revolucionario considera como su deber más imperativo y fundamental el uso de la acción revolucionaria para liberarse lo antes posible de los pomechshiks[1] y los kulaks, considerando que esta emancipación facilitaría la victoria contra la coalición socialburguesa.

Es por ello que los campesinos ucranianos toman la ofensiva confiscando las armas de los burgueses (especialmente durante la marcha del general golpista Kornilov sobre Petrogrado en agosto de 1917) y luego negándose a pagar el segundo impuesto anual sobre la tierra a los grandes terratenientes y kulaks. Esta tierra que los agentes de la coalición intentaban arrebatar a los campesinos, para conservarla para los terratenientes, utilizando como pretexto la observación del *statu quo* por parte del gobierno hasta la convocatoria de la Asamblea Constituyente, que debía decidir sobre este problema.

A continuación, los campesinos se apoderan directamente de los bienes y el ganado de los pomechiks, los kulaks, los monasterios y las tierras del Estado; esto, mientras se establecen constantemente comités locales para la gestión de estos bienes, con el fin de distribuirlos entre las distintas aldeas y comunas.

Un anarquismo instintivo es claramente evidente en todas estas intenciones del campesinado trabajador ucraniano, que expresan un odio no disimulado hacia toda autoridad estatal, sentimiento que va acompañado de una clara aspiración a liberarse de ella. Esta última es además muy fuerte entre los campesinos; se reduce esencialmente a deshacerse de las autoridades burguesas como la gendarmería, los jueces enviados por el centro, etc.

---

1  NdE: Los pomechshiks fueron la clase terrateniente o de propietarios de tierras en Rusia, especialmente dominante desde la época zarista hasta la Revolución de 1917.

Esto se expresa prácticamente en muchas regiones de Ucrania. Numerosos ejemplos atestiguan cómo los campesinos de las provincias de Ekaterinoslav, Kherson, Poltava, Kharkov y parte de Tavripol expulsan a la gendarmería de sus pueblos, o la privan del derecho a realizar detenciones sin consultar a los comités de campesinos y a las asambleas de los pueblos. Los gendarmes vienen a servir sólo como mensajeros de las decisiones tomadas. Los jueces pronto comenzaron a realizar tareas similares.

Los propios campesinos juzgan todos los delitos y disputas en asambleas de aldea o reuniones especiales, privando así a los jueces enviados por la autoridad central de cualquier derecho de jurisdicción. Estos jueces a veces caen en tal descrédito que a menudo se ven obligados a huir o esconderse.

Este comportamiento de los campesinos con respecto a sus derechos individuales y sociales les lleva naturalmente a temer que la consigna «todo el poder a los soviets» se transforme en poder estatal; estos temores no se manifiestan quizás tan claramente entre los proletarios de las ciudades, más influenciados por los socialdemócratas y los bolcheviques.

Para los campesinos, el poder de los soviets locales significa la transformación de estos organismos en entidades territoriales autónomas, sobre la base de la agrupación revolucionaria y la autodirección socioeconómica de los trabajadores con vistas a la construcción de una nueva sociedad. Interpretando así esta consigna, los campesinos la aplicaron al pie de la letra, la desarrollaron y la defendieron contra los ataques de los eseristas de derecha, los cadetes (liberales) y la contrarrevolución monárquica.

El mes de octubre aún no ha tenido lugar, pero los campesinos ya se han negado, en muchas regiones, a pagar impuestos a los pomechtchiks y a los kulaks, y habiéndose apoderado colectivamente de las tierras y el ganado de estos últimos, han enviado delegados al proletariado de las ciudades para acordar con él la toma de las fábricas y las empresas, con el fin de establecer vínculos fraternales y construir juntos la nueva sociedad libre de los trabajadores.

En este momento, la aplicación en la práctica de las ideas del «Gran Octubre» aún no es adoptada por quienes la reivindicarán más tarde, los bolcheviques y los eseristas de izquierda; incluso es fuertemente criticada por sus grupos, organizaciones y comités centrales. Por otra parte, para los campesinos ucranianos, el Gran Octubre, sobre todo el significado político cronológico que se le da, aparece como un paso ya dado.

Durante las jornadas de octubre, el proletariado de Petrogrado, Moscú y otras ciudades, así como los soldados y campesinos de los alrededores de estas ciudades, bajo la influencia de anarquistas, bolcheviques y eseristas de izquierda, no hacen más que regularizar y expresar políticamente con más precisión lo que el campesinado revolucionario, de muchas regiones de Ucrania, comenzó a luchar activamente desde agosto de 1917, en condiciones muy favorables gracias al apoyo del proletariado urbano.

Las repercusiones del Octubre proletario llegarán a Ucrania un mes y medio después. Esta voluntad se manifiesta primero por los llamamientos de los soviets y de los delegados de los partidos, luego por los decretos del Soviet de Comisarios del Pueblo hacia los que los campesinos ucranianos desconfían, al no haber participado en su designación.

Es entonces cuando aparecen en Ucrania grupos de guardias rojos, procedentes en gran parte de Rusia, que atacan las ciudades y los nodos de comunicación controlados por los cosacos de la Rada Central ucraniana. Este último está tan contaminado por el chauvinismo que no puede entender que la población trabajadora del país está relacionada con sus hermanos de Rusia, ni especialmente tener en cuenta el espíritu revolucionario extendido entre la población trabajadora dispuesta a luchar por su independencia social y política.

Analizando así el gran Octubre, con ocasión de su x aniversario, debemos subrayar que lo que hemos realizado en Ucrania estaba perfectamente integrado, a finales de 1917, a las acciones de los obreros revolucionarios de Petrogrado, Moscú y otras grandes ciudades de Rusia.

Al tiempo que reconocemos la fe y el entusiasmo revolucionarios mostrados por el campo ucraniano mucho antes de Octubre, honramos y valoramos igualmente las ideas, la voluntad y la energía expresadas por los obreros, campesinos y soldados rusos durante las jornadas de Octubre.

Al recordar el pasado, no podemos ignorar el presente, que de un modo u otro está vinculado a octubre. Por lo tanto, sólo podemos expresar nuestro profundo dolor por el hecho de que, después de diez años, las ideas que se expresaron plenamente en octubre sigan siendo despreciadas por quienes, en su nombre, llegaron al poder y ahora gobiernan Rusia.

Expresamos nuestra triste solidaridad con todos los que lucharon con nosotros por el triunfo de octubre y que ahora se pudren en las cárceles y campos de concentración. Sus sufrimientos, bajo la tortura y el hambre, nos llegan y nos obligan a sentir, con motivo del x aniversario de octubre, en lugar de la alegría normal, una profunda pena.

Como deber revolucionario, levantamos nuestra voz una vez más, más allá de las fronteras de la URSS: ¡Devolved la libertad a los hijos de Octubre, devolvedles el derecho a organizarse y a propagar sus ideas!

Sin libertad y derechos para los trabajadores y los militantes revolucionarios, la URSS se asfixia y mata todo lo mejor que hay en ella. Sus enemigos se alegran de ello y se preparan en todo el mundo, utilizando todos los medios posibles, para destruir la revolución y la URSS con ella.

Publicado en *Dielo Trudá*,
nº 29, octubre de 1927, pp. 9-11.

# Makhno visita el Kremlin: entrevista con Lenin (1918)

Al día siguiente, a la una de la tarde, estaba de nuevo en el Kremlin, donde encontré al camarada Sverdlov, que me llevó inmediatamente ante Lenin. Este último me recibió fraternalmente. Me cogió del brazo y, dándome suaves palmaditas en el hombro con la otra mano, me hizo sentar en un sillón. Tras pedirle a Sverdlov que se sentara en otra silla, se acercó a su secretario y le dijo:

—Tengan la bondad de terminar este trabajo a las dos.

Se sentó frente a mí y comenzó a interrogarme. Su primera pregunta fue:

—¿De qué región es usted? ¿Cómo acogieron los campesinos de la región la consigna: «Todo el poder para los soviets en los pueblos» y cuál fue la reacción de los enemigos de esta consigna y de la Rada Central en particular? ¿Se levantaron los campesinos de su región contra los invasores austro-alemanes? Si es así, ¿qué faltó para que las revueltas campesinas se convirtieran en un levantamiento general y se unieran a la acción de las unidades de la Guardia Roja que, con tanto valor, defendieron nuestras conquistas revolucionarias?

A todas estas preguntas le di a Lenin breves respuestas. Lenin, con su talento característico, trató de plantear sus preguntas de tal manera que yo pudiera responderlas punto por punto. Por ejemplo, Lenin me hizo tres veces la pregunta: «¿Cómo acogieron los campesinos de mi región la consigna: 'Todo el poder a los soviets en las aldeas'?» y se quedó asombrado cuando le contesté:

—Los campesinos lo acogieron a su manera, lo que significa que, a su entender, todo el poder debe identificarse, en todas las esferas, con la conciencia y la voluntad de los trabajadores; que los soviets de diputados obreros campesinos de las aldeas, cantones y distritos son nada más y nada menos que engranajes de la organización revolucionaria y la autogestión económica de los trabajadores en la lucha contra la burguesía y sus lacayos: los socialistas de derecha y su gobierno de coalición.

—¿Crees que esta forma de entender nuestra consigna es correcta? –preguntó Lenin.

—Sí –respondí.

—En ese caso, los campesinos de su región han sufrido el contagio del anarquismo –dijo.

—¿Es esto un mal? –pregunté.

—No me refiero a eso. Por el contrario, debería ser bienvenida, porque aceleraría la victoria del comunismo sobre el capitalismo y su poder.

—Eso me halaga –respondí a Lenin, conteniendo la risa.

—No, no, yo sostengo muy seriamente que este fenómeno social en la vida de las masas campesinas aceleraría la victoria del comunismo sobre el capitalismo –repitió Lenin, y añadió– Pero creo que el fenómeno no fue espontáneo; es un efecto de la propaganda anarquista y pronto desaparecerá. Incluso me inclino a creer que este estado de ánimo, derrotado por la contrarrevolución triunfante antes de que haya tenido tiempo de generar una organización, ya ha desaparecido.

Le señalé a Lenin que un líder político nunca debe ser pesimista o escéptico.

—Entonces, según usted –dijo Sverdlov, interrumpiéndome–, ¿hay que fomentar estas tendencias anarquistas en la vida de las masas campesinas?

—Oh, su partido no las animará –respondí.

Lenin se apoderó de la pelota:

—¿Y por qué hay que animarlas? ¿Dividir las fuerzas revolucionarias del proletariado, allanar el camino a la contrarrevolución y al final subir nosotros mismos con el proletariado al cadalso?

No pude controlarme y, con un acento de nerviosismo en mi voz, le señalé a Lenin que el anarquismo y los anarquistas no aspiraban a la contrarrevolución y no conducían al proletariado hacia ella.

—¿Es eso realmente lo que he dicho? –preguntó Lenin, y añadió– Quise decir que los anarquistas, al carecer de organizaciones de masas, no están en condiciones de organizar al proletariado y a los campesinos pobres y, por consiguiente, de levantarlos para defender, en el más amplio sentido de la palabra, lo que ha sido conquistado por todos nosotros y nos es querido.

La conversación giró entonces en torno a las otras cuestiones planteadas por Lenin. A una de ellas, «Las unidades de la Guardia Roja y el valor revolucionario con el que defendieron nuestras conquistas comunes», Lenin me obligó a responder de la manera más completa posible. Evidentemente, la pregunta le molestaba o le recordaba lo que las formaciones de la Guardia Roja habían logrado recientemente en Ucrania, supuestamente alcanzando con éxito los objetivos que Lenin y su partido se habían propuesto y en cuyo nombre los habían enviado desde Petrogrado y otras grandes ciudades lejanas de Rusia. Recuerdo la emoción de Lenin, la emoción que sólo podía mostrar un hombre que vivía con pasión la lucha contra el orden social que odiaba y quería derrotar, cuando le dije:

—Al haber participado en el desarme de decenas de cosacos retirados del frente alemán a finales de diciembre de 1917 y principios de 1918, estoy bien informado sobre la «valentía revolucionaria» de las unidades del Ejército Rojo y, en particular, de sus líderes. Pero me parece, camarada Lenin, que lo exagera sobre la base de información de segunda e incluso tercera mano.

—¿Qué quieres decir? ¿Lo discute? –me preguntó Lenin.

—Las unidades de la Guardia Roja mostraron espíritu y coraje revolucionario, pero no tanto como usted describe. La lucha de los guardias rojos contra los haidamaks de la Rada Central y, sobre todo, contra las tropas alemanas tuvo sus momentos en los que el espíritu revolucionario y la valentía, así como la acción de los guardias rojos y de sus dirigentes, resultaron muy débiles. Ciertamente, en muchos casos, creo que esto puede atribuirse al hecho de que los destacamentos de la Guardia Roja se formaron apresuradamente y utilizaron tácticas contra el enemigo que no eran similares a las de los grupos partisanos o las unidades regulares. Deben saber que los Guardias Rojos, sean o no numerosos, dirigieron el ataque contra el enemigo avanzando a lo largo de las líneas ferroviarias. A diez o quince verstas de una línea de ferrocarril, el terreno estaba desocupado; los defensores de la revolución o la contrarrevolución podían moverse libremente. Por esta razón, los ataques por sorpresa casi siempre tenían éxito. Sólo en los bordes de los cruces del ferrocarril, pueblos o ciudades servidos por el ferrocarril, las formaciones de la Guardia Roja organizaban un frente y desde allí lanzaban el ataque. Pero la retaguardia y los alrededores inmediatos de la localidad amenazada por el enemigo permanecieron indefensos. La acción ofensiva de la revolución se vio afectada por ello. Apenas las unidades de la Guardia Roja terminaban de emitir sus llamamientos en una región, las fuerzas contrarrevolucionarias pasaban a la contraofensiva y muy a menudo obligaban a los guardias rojos a retirarse de nuevo en sus trenes blindados. Tanto es así que la población del campo ni siquiera los vio. Y, por tanto, no podía apoyarlos.

—¿Qué hacen los propagandistas revolucionarios en el campo? Así que no pueden conseguir que los proletarios rurales estén listos para complementar las unidades de la Guardia Roja que pasan por su barrio con tropas frescas, o para formar nuevos cuerpos libres de la Guardia Roja y ocupar posiciones para luchar contra la contrarrevolución –me preguntó Lenin.

—No nos dejemos llevar. Los propagandistas revolucionarios son pocos en el campo y no pueden hacer mucho. Pero cada día llegan a los pueblos cientos de propagandistas y enemigos secretos de la revolución. En muchas localidades no es de esperar que los propagandistas revolucionarios hagan surgir nuevas fuerzas de la revolución y las organicen para oponerse a la contrarrevolución. Nuestra época —le dije a Lenin— exige una acción decisiva de todos los revolucionarios en todos los ámbitos de la vida y la lucha de los trabajadores. Ignorarla, especialmente aquí en Ucrania, es permitir que la contrarrevolución agrupada detrás del hetman se desarrolle a su antojo y consolide su poder.

Sverdlov nos miró a mí y a Lenin y sonrió con satisfacción. En cuanto a Lenin, mantenía los dedos juntos e, inclinando la cabeza, pensaba. Enderezándose, me dijo:

—Todo lo que me acaba de decir es muy lamentable.

Y dirigiéndose a Sverdlov añadió:

—Al refundar las unidades de la Guardia Roja en el Ejército Rojo estamos en el camino correcto, el camino que lleva a la victoria definitiva del proletariado sobre la burguesía.

—Sí, sí —respondió Sverdlov de forma tajante.

Lenin me dijo entonces:

—¿Qué trabajo piensas hacer en Moscú?

Le contesté que no estaba allí por mucho tiempo. Según la decisión de la Conferencia de Grupos Partisanos celebrada en Taganrog, debía estar de vuelta en Ucrania en los primeros días de julio.

—¿Clandestinamente? —preguntó Lenin.

—Sí —respondí.

Dirigiéndose a Sverdlov, Lenin hizo esta reflexión:

—Los anarquistas siempre están llenos de abnegación, están dispuestos a cualquier sacrificio; pero los fanáticos ciegos, ignoran el presente y sólo piensan en el futuro lejano.

Y rogando que no me lo tome como algo personal, añadió:

—Te considero, camarada, un hombre con sentido de las realidades y necesidades de nuestro tiempo. Si hubiera en Rusia aunque sea un tercio de anarquistas como tú, los comunistas estaríamos dispuestos a caminar con ellos bajo ciertas condiciones y a trabajar juntos en interés de la libre organización de los productores.

En ese momento sentí un profundo sentimiento de estima por Lenin, mientras que hasta hace poco estaba convencido de que era el responsable de la aniquilación de las organizaciones anarquistas en Moscú, el que había sido la señal para su aplastamiento en muchas otras ciudades. Y en mi corazón me avergoncé de mí mismo. Buscando la respuesta que debía dar a Lenin, le dije a bocajarro:

—La revolución y sus conquistas son muy queridas por los anarquistas comunistas, y esta es la prueba de que en este aspecto son todos iguales.

—Oh, no nos digas eso —se rió Lenin— conocemos a los anarquistas tan bien como tú. En su mayoría no tienen ninguna noción del presente, o en todo caso se preocupan muy poco por él, y el presente es tan grave que no pensar en él o tomar una posición positiva al respecto es para un revolucionario más que vergonzoso. La mayoría de los anarquistas tienen el pensamiento dirigido hacia el futuro y dedican sus escritos a él, sin buscar la comprensión del presente: y esto también nos separa de ellos.

Con estas palabras Lenin se levantó de su silla y, caminando de derecha a izquierda, añadió:

—Sí, sí, los anarquistas son fuertes en sus ideas de futuro en el presente, no tienen los pies en el suelo; su actitud es lamentable, y eso es porque su fanatismo sin contenido hace que no tengan ninguna conexión real con ese futuro.

Sverdlov sonrió con picardía y, volviéndose hacia mí, dijo

—No se puede discutir eso. Las reflexiones de Vladimir Ilyich son acertadas.

—¿Han reconocido alguna vez los anarquistas su falta de realismo en la vida «actual»? Ni siquiera piensan en ello –se apresuró a añadir Lenin.

Respondiendo a esto, les dije a Lenin y a Sverdlov que yo era un campesino medio analfabeto y que no quería discutir la opinión demasiado erudita de Lenin sobre los anarquistas.

—Pero debo decirle, camarada Lenin, que su afirmación de que los anarquistas no comprenden «el presente», que no tienen ninguna relación real con él, etc., es fundamentalmente errónea. Los anarquistas comunistas de Ucrania (o del «sur de Rusia», ya que los comunistas bolcheviques tratáis de evitar la palabra Ucrania), los anarquistas comunistas, digo, ya han dado muchas pruebas de que tienen razón en «el presente». Toda la lucha de la campaña revolucionaria ucraniana contra la Rada Central se llevó a cabo bajo la dirección ideológica de los anarquistas comunistas y, en parte, de los eseristas (que, a decir verdad, asignaron a su lucha contra la Rada objetivos totalmente diferentes a los de nosotros, los anarquistas comunistas). Sus bolcheviques apenas existen en nuestro campo; o, si existen, su influencia es infinitesimal. Casi todas las comunas o asociaciones de campesinos de Ucrania se formaron a instancias de los anarquistas comunistas. Y la lucha armada de la población trabajadora con la contrarrevolución en general, y la contrarrevolución encarnada por los ejércitos invasores austrohúngaro y alemán, se emprendió bajo la dirección ideológica y orgánica exclusiva de los anarquistas comunistas. Por supuesto, a su partido no le interesa poner todo esto en nuestro haber, pero son hechos que no puede discutir. Supongo que conoces perfectamente los números y la capacidad de lucha de los cuerpos libres revolucionarios de Ucrania. No en vano ha mencionado el valor con el que defendieron heroicamente nuestras conquistas revolucionarias comunes. ¿Tiene usted alguna prueba –pregunté al camarada Lenin– de que los anarquistas de Malaya Dmitrovka hayan dado refugio a los bandidos?

—Sí, la Comisión Extraordinaria (Cheka) los ha recogido y verificado. De lo contrario, nuestro partido no lo habría autorizado a actuar –respondió Lenin.

Mientras tanto, Sverdlov había vuelto a sentarse con nosotros y nos anunció que el camarada Karpenko era efectivamente el jefe del departamento encargado de los pasajes, pero que el camarada Zatonsky también estaba al tanto de todo. Lenin exclamó inmediatamente:

—Aquí tienes, camarada, ve mañana, pasado mañana o cuando quieras al camarada Karpenko y pídele todo lo que necesites para volver a Ucrania ilegalmente. Él te dará una ruta segura para cruzar la frontera.

—¿Qué frontera? –pregunté.

—¿No lo sabes? Se ha establecido una frontera entre Rusia y Ucrania. Las tropas alemanas la está vigilando –dijo Lenin enfadado.

—Sin embargo, usted considera que Ucrania es el sur de Rusia –respondí.

—La consideración es una cosa, camarada, y en la vida tener los ojos bien abiertos es otra –respondió Lenin.

Y antes de que tuviera tiempo de replicar, añadió:

—Le dirás al camarada Karpenko que yo te envié. Si tiene alguna duda, sólo tiene que llamarme por teléfono. Aquí está la dirección donde puede verlo.

Los tres nos pusimos de pie y nos dimos la mano, y tras un aparentemente cálido intercambio de agradecimientos, salí del despacho de Lenin.

Publicado en *Le Monde Libertaire*
nº 1737 (3-9 abril 2014)

# LENIN Y EL LENINISMO, ¿GUÍAS DEL PROLETARIADO MUNDIAL? (1925)

En todos los países, especialmente en los Estados que forman la URSS, se encuentra un grito feroz, sin sentido: «Lenin es el guía para los trabajadores de todos los países, construyó una teoría para usar, él les mostró el verdadero camino de liberación vengativa, etc...».

Pero en el país de verdugos rojos y blancos en interés de sus partidos han decapitado la incomparablemente gran revolución rusa, detienen la liberación de los trabajadores y desvían actualmente a los trabajadores de su verdadero propósito. El pueblo ha perdido la fe en sí mismo y en la fuerza creativa de la acción espontánea para la organización de la nueva sociedad. Y este acontecimiento se ha producido dentro de un país donde ha estallado esta gran revolución y donde terminó prematuramente, mucho antes de alcanzar su pleno desarrollo, a pesar del entusiasmo.

A estos chistes (para los partidos bolcheviques de otros países estos se muestran como afirmaciones de gran importancia) que no son chistes, ¡por desgracia! sino más bien la marca de una criminal irresponsabilidad, hacen eco los gritos de los seguidores de Lenin en los países exteriores. Como consecuencia de ello, estas alegaciones se aceptan como ciertas incluso por los no partidarios de Lenin, los hombres-esclavos, cuya inteligencia, fuerza, estará en los hierros del capital abyecto y maníaco. Muchos, por tanto, se engañan y engañan a otros, gritando: «Lenin es el guía del proletariado de todos los países, que nos dio la teoría de la liberación, él nos mostró el camino de la verdadera liberación».

Es inconcebible que el burgués Lenin sea el guía del proletariado mundial. Esta afirmación nos parece injustificable, sin fundamento, para nosotros, los campesinos revolucionarios, que hemos vivido todas las etapas de la revolución rusa y hemos tenido la experiencia del «leninismo». Colocar a Lenin en un pedestal en esta calidad es una burla que sólo demuestra la debilidad de la mente de aquellos que tratan de atribuir a este hombre la dirección del proletariado, cuando en realidad él ni siquiera se encontraba en el país durante la gran revolución rusa. El asesinato de esta última se hizo gracias a la ingenuidad infantil de la población, y sobretodo, por culpa de las bayonetas de los mercenarios que, en su ceguera, se vendieron al partido leninista.

En nuestra opinión, poner en un pedestal de Lenin como un «guía de todos los trabajadores del mundo», no es nada más y nada menos que una malvada y criminal farsa cometida respecto a la humanidad engañada y oprimida, todavía cegada lo suficiente como para adjuntar a esta broma un valor definido y específico.

El partido socialdemócrata bolchevique, que todavía se denomina comunista, erróneamente, y cuyo apoyo espiritual es el burgués Lenin (Ulianov Lenin) que hasta su muerte satura toda la gran revolución rusa de su ignorancia científica y del vacío marxista-leninista; este partido actúa de la misma manera que la burguesía contra los trabajadores, es decir, que los ve como simples fieles esclavos.

De Marx a Lenin, y después de su desaparición, el partido siempre ha querido ser el maestro de toda la humanidad trabajadora, a expensas de los que trabajan. Ni siquiera se da cuenta de que él es un educador intruso, jesuítico, que se esfuerza por conducir las masas oprimidas bajo la llamada bandera de la libertad, que irresponsablemente ha perdido por una aparente victoria sobre la esclavitud económica, política, psicológica. En realidad persigue una reforma de la esclavitud de la humanidad. Claramente ha demostrado por sus acciones durante la gran revolución rusa, que supo ser un excelente villano, un villano no sólo de aquellos que, en tiempos de lucha y entre los hombres, representaban un elemento malvado y corrupto, sino también de aquellos cuyo impulso es sano, puro, bello, que abren noblemente un sendero libre, que trabajan en el desarrollo de todas las fuerzas creativas para el bien de toda la sociedad.

Se trata de un mal profesor, pero sobre todo de un educador nocivo.

Los fenómenos que se observaron especialmente en las tácticas del partido leninista ruso, también pueden ser igualmente observados en otros países. Aquí un ejemplo: nosotros vemos los comunistas caminar en grupos por las calles, bastón en mano y con porras de goma escondidas. A partir de este hallazgo insignificante, podemos concluir que el movimiento bolchevique durante la revolución rusa, tuvo un carácter más destructor que revolucionario (en otros países, muestra el mismo carácter).

El bolchevismo leninista tiene en sí ideas insanas que los trabajadores del mundo no sabrán entender en ningún caso. Esto se reconoce a veces en las filas del partido leninista, pero confusamente. Todavía hay millones de trabajadores que, bajo la instigación del partido, se imaginan estar destinados a dirigir el destino de la Humanidad, en vez de pensar en una unión libre y fraternal con los campesinos pobres, solucionando sus intereses mutuos durante la revolución. Y este pensamiento criminal del partido envenena a los trabajadores –los cuales, a lo largo de su vida, nunca sintieron y pensaron como esclavos asalariados, dependientes– este pensamiento criminal, que mantiene que los esclavos tienen que decidir debido a la suerte de los demás, tranquiliza su corazón. «¡Ah! El tiempo lo arreglará todo».

Es con estas palabras de esperanza y expectativas en las que se basan los atentados más evidentes del Partido cometidos sobre la clase trabajadora a expensas de su sangre y de su vida. Ellos han hecho aquello a los trabajadores, escondiendo los delitos cometidos contra la revolución y las masas revolucionarias que estaban tratando con todo su afán de llevar la revolución a un fin exitoso de la destrucción de una vez por todas de la esclavitud y por la liberación de las cadenas de la explotación.

Es comprensible que el partido social-demócrata de los comunistas bolcheviques, que persiguiendo su objetivo en la vida pública y privada, conceda una gran importancia a garantizar a que Lenin sea elevado a la altura de líder mundial de todos los trabajadores; de manera que su nombre constituye un vínculo entre el proletariado de todos los países y su propio partido. La dedicación de Lenin a los intereses de su partido, su entusiasmo personal, son realmente importantes. Un partido que lleva su nombre considera como su deber rendirle honor... Y le rinde homenaje porque tiene la necesidad de ser su bandera.

Pero, ¿qué tiene en común el bolchevismo leninista con las ardientes esperanzas de la humanidad explotada y agotada? El bolchevismo se traduce en la práctica como el derecho de dominación del hombre sobre el hombre y que será reconocido, por cualquiera que piense, como detestable y criminal.

El burgués Lenin con su panbolchevismo y todo su partido quieren esclavizar a su voluntad, por la fuerza, a la masa de los trabajadores. Es también distante de los objetivos elevados de una verdadera liberación de las instituciones de la Iglesia y del Estado, como tales los vemos.

Actualmente, esta confusión de ideas parece misteriosa, pero sólo tienen que leer, con los ojos abiertos, los últimos escritos de Lenin que son, a juicio incluso de los bolcheviques, su testamento. En un informe presentado al Comité de Moscú del PCUS, el 10 de enero de este año (*Isvestia* del 14 de enero de 1925), Kamenev comunica estrictas instrucciones sobre lo que se debe decir de Lenin cuando se pregunte y se consulte su testamento de ausente.

La asunción de Lenin en las alturas del cielo donde desciende hacia nosotros como guía del proletariado mundial exige decir dos palabras sobre este tema... Así que, citado por Kamenev, Lenin dijo: «Tenemos que construir un Estado donde los obreros se considerarán por encima de la clase campesina en su conjunto»

¿Qué se entiende por «guía del proletariado mundial»? ¿Que los trabajadores que se adhieran al partido leninista nunca deberían considerar la construcción de una nueva sociedad en colaboración con la clase campesina? ¿O que la querrían subyugar a la dominación de su inconcebible dictadura obrerobolchevique? Y para construir ese Estado en el cual el obrero tiene derecho a la tutela sobre toda la clase campesina, se ha vinculado muy habilmente, por Lenin, la idea de electrificación rural. Si la clase obrera le diera continuación, el mayor progreso sería posible y la gran industria sería creada. «De esta manera», continúa el pretendido guía mundial de todos los trabajadores «estará asegurada la rápida transformación de los caballos hambrientos de los campesinos en poderosos corceles. Nosotros desenvoluparemos con total seguridad una gran industria mecánica, eléctrica», y agrega: «entonces estaremos seguros de mantenernos en el poder».

Esto no es el lugar para discutir la cuestión de la transformación de los pequeños caballos en grandes arados mecánicos. Nosotros creemos firmemente en la fuerza creativa de los trabajadores y estamos convencidos de que si realmente se expropiara a la clase burguesa de todos los medios de producción, del suelo y la propiedad de la tierra, ellos sabrán bien reorganizar su vida y todas las relaciones económicas e individuales. Una tutela dictatorial de los campesinos por los «obreros» como Lenin, Kamenev, Zinoviev, Trotsky, Derchinsky, Kalinin y muchos otros, se ha mostrado, dentro de la aplicación, impotente. No han logrado presentar más que decisiones, compromisos, desviaciones del bolchevismo al fascismo (el terrorismo político de los bolcheviques respecto a las ideas revolucionarias y de aquellos que las defienden no se diferencian en nada del terrorismo fascista).

Cuando Lenin invita a las masas a construir un Estado donde los obreros tienen supremacía sobre la clase campesina, atenta contra la idea de una comunidad libre del trabajo entre obreros y campesinos; conduce a la revolución rusa a una situación en que los trabajadores abrumados harán el último aliento. Han sido literalmente estrangulados y no tendrían la libertad condicional de la cual «disfrutan» hoy en la URSS si los campesinos se hubieran opuesto a la propia autoridad de la clase obrera. Afortunadamente, los campesinos de Rusia y Ucrania no tienen la más mínima fe en Karl Marx y saben muy bien que todo acto de violencia, sea cual sea el nombre que lleve, es criminal y vulgar. El campesino ruso jamás se sintió atraído por la violencia, sigue estando maldita. Él sacrificó su libertad o su vida para proteger «el gobierno de los obreros» contra los ataques de la burguesía, porque consideraba que el obrero por su fe interior es ajeno a cualquier despotismo y que esto les ayudaría a acabar con la servidumbre de sus filas. En cambio, los obreros y los campesinos han sufrido, unos y otros, una nueva dominación.

La pregunta que nos surge ahora es la siguiente: Hablar de la construcción de un Estado donde una capa popular domina a otra, ¿esta es la actitud de un Guía mundial del Proletariado? O más bien el lenguaje de un jefe de un grupo de hombres que tienen como objetivo, bajo la llamada bandera de la liberación real del capitalismo, llevar a cabo una reforma del sistema capitalista, a través de los esfuerzos de los trabajadores y a costa de ellos.

Afirmamos que Lenin habla en este último sentido. Habló como representante del Partido Bolchevique que, si quiere estar relacionado con los trabajadores del mundo, no concibe sus relaciones de la familia con las masas que la condición de considerarlas como un medio para alcanzar sin dificultades, el fin que busca, como partido.

Los trabajadores del mundo, afortunadamente, no han dicho su última palabra: ¿Si es aceptada, se liberarán de una autoridad, de ponerse bajo el yugo de una nueva opresión, despótica, más refinada, tan cruel (o más) que la que querían destruir? Los trabajadores del mundo saben suficientemente que su sagrada tarea, es hacer desaparecer a esta nueva violencia, como todas las demás.

Vivir fraternalmente, libre de cualquier dependencia y servidumbre –que es el ideal del Anarquismo, que incluye la sana naturaleza del hombre. El burgués Lenin y su Partido Bolchevique siempre han luchado contra este gran ideal. Mediante las bayonetas, la degollación, la persecución de aquellos que han expuesto los titulares de este ideal; los leninistas lo han tratado de manchar, de falsear a los ojos de las masas. En su lugar, se trató de hacer triunfar, gracias a la fuerza de las armas en primer lugar contra los trabajadores y, a través de ellos, contra toda la humanidad un ideal de asesinato continuo, de violencia brutal y de aventuras políticas.

¿Es que esto, lo que Lenin llamó «la Guía del Proletariado Mundial», no es acaso una burla?

Sí, se trata de una broma siniestra, criminal, contra la humanidad explotada, engañada, esclavizada.

Artículo escrito en Suecia, a finales de mayo de 1925.
Publicado en *L'en dehors*, 31 de agosto de 1925.

# EL ANARQUISMO Y NUESTRO TIEMPO (1925)

El anarquismo no es sólo una doctrina que trata de la vida social del ser humano, entendida en el sentido estricto que le dan los diccionarios políticos y, a veces, nuestros oradores propagandistas en las reuniones. También es una enseñanza que abarca la vida del ser humano en su totalidad.

En el proceso de desarrollo de su visión integral del mundo, el anarquismo se propone una tarea específica: captar el mundo en su totalidad, eliminando de su camino todo tipo de obstáculos, presentes y futuros, erigidos por la ciencia y la tecnología burguesa y capitalista. El objetivo es proporcionar al ser humano la explicación más completa de la existencia de este mundo y comprender, de la mejor manera posible, todos los problemas que se le puedan plantear; este enfoque debería ayudarle a tomar conciencia interna del anarquismo que le es inherente –al menos eso es lo que supongo– en la medida en que siente continuamente sus manifestaciones parciales.

Es a partir de la voluntad individual que la enseñanza libertaria puede encarnarse en la vida real y allanar el camino, que ayudará al ser humano, a expulsar de sí mismo todo espíritu de sumisión.

Cuando se desarrolla el anarquismo no conoce límites. No conoce ninguna orilla donde pueda encallar y asentarse. Como la vida humana, no tiene fórmulas definidas para sus aspiraciones y objetivos.

El derecho absoluto de todo ser humano a la libertad total, tal como lo definen los postulados teóricos del anarquismo, sólo puede ser para él, en mi opinión, un medio de atraer su mayor o menor realización, sin dejar de desarrollarse. Habiendo expulsado del ser humano el espíritu de sumisión que se le ha impuesto artificialmente, el anarquismo se convierte a partir de ahora en la idea directriz de la sociedad humana en su camino hacia la conquista de todos sus objetivos.

En nuestra época, el anarquismo sigue considerándose teóricamente débil; además, algunos afirman que a menudo es mal interpretado. Sin embargo, sus seguidores son muy ruidosos al respecto; muchos hablan de ello constantemente, militan activamente y, a veces, se lamentan de que no triunfe (en este último caso, supongo que esta actitud está causada por la impotencia de elaborar, a partir de un estudio, los medios sociales necesarios para que el anarquismo tenga su lugar en la sociedad de nuestro tiempo).

La cohesión de todos los anarquistas activos, expresada por un colectivo de actuación serio, es unánimemente considerada necesaria por todos nosotros. Sería sorprendente que los opositores a esta Unión se declararan en nuestro medio. La cuestión a resolver es únicamente la forma organizativa que podría adoptar esta Unión de Anarquistas.

Personalmente, considero que la forma organizativa más adecuada y necesaria es la de una Unión de Anarquistas, construida sobre los principios de la disciplina colectiva y la dirección común de todas las fuerzas anarquistas. De este modo, todas las organizaciones que se adhirieran estarían vinculadas entre sí por la comunidad de los objetivos sociorrevolucionarios, pero también por la de los medios que los conducirían.

La actividad de las organizaciones locales puede adaptarse lo más posible a las condiciones locales; sin embargo, debe unirse sin falta a la orientación de la práctica organizativa global de la Unión de Anarquistas que cubre todo el país.

El hecho de que esta Unión se llame partido o cualquier otra cosa es de importancia secundaria. ¡Lo primordial es que logre la concentración de todas las fuerzas anarquistas en una práctica común y unitaria contra el enemigo, impulsando la lucha por los derechos de los trabajadores, la realización de la revolución social y el advenimiento de la sociedad anarquista!

Publicado en *Dielo Trudá*,
n° 6, noviembre de 1925, pp. 6-7

# NUESTRA ORGANIZACIÓN
## (1925)

Los tiempos que vive actualmente la clase obrera mundial exigen la máxima tensión en el pensamiento y la energía de los anarquistas revolucionarios para aclarar las cuestiones más importantes.

Nuestros camaradas que desempeñaron un papel activo en la revolución rusa y que se mantuvieron fieles a sus convicciones saben lo desastrosa que fue la ausencia de una organización sólida en nuestro movimiento.

Estos compañeros están bien situados para ser especialmente útiles en el trabajo de unión que se está llevando a cabo. No se les ha escapado a estos compañeros, supongo, que el anarquismo ha sido un factor de insurrección entre las masas obreras revolucionarias de Rusia y Ucrania; las ha incitado en todas partes a la lucha. Sin embargo, la ausencia de una gran organización específica, capaz de oponer sus fuerzas vitales a los enemigos de la revolución, la ha hecho impotente para asumir un papel organizativo. El trabajo libertario en la revolución ha sufrido fuertes consecuencias.

Los anarquistas rusos y ucranianos, si son conscientes de esta deficiencia, no deben permitir que este fenómeno se repita. La lección del pasado es demasiado dolorosa y, al recordarla, deben ser los primeros en dar ejemplo de la cohesión de sus fuerzas. ¿Cómo pueden hacerlo? Creando una organización que pueda llevar a cabo las tareas del anarquismo, no sólo en la preparación de la revolución social, sino también en sus consecuencias. Tal organización debe unir todas las fuerzas revolucionarias del anarquismo y ocuparse sin vacilar de la preparación de las masas para la revolución social y de la lucha por la realización de la sociedad anarquista.

Aunque la mayoría de nosotros entiende la necesidad de una organización de este tipo, es lamentable que sólo unos pocos se ocupen de ella con la seriedad y la constancia necesaria.

En este momento, los acontecimientos se precipitan en toda Europa, incluida Rusia, que está atrapada en la red panbolchevique. No está lejos el día en que tendremos que ser participantes activos en estos eventos. Si nos presentamos una vez más sin habernos organizado adecuadamente, seguiremos siendo impotentes para evitar que estos acontecimientos evolucionen hacia la vorágine de los sistemas estatales.

El anarquismo surge allí donde nace la vida humana. Sin embargo, sólo se vuelve comprensible para todos cuando hay propagandistas y activistas que han roto sincera y completamente con la psicología sumisa de nuestro tiempo, por lo que son ferozmente perseguidos. Estos activistas se esfuerzan por servir a sus convicciones desinteresadamente, sin miedo a descubrir aspectos desconocidos en su proceso de desarrollo, para asimilarlos sobre la marcha, si es necesario, y trabajar así por el triunfo del espíritu de sumisión.

De lo anterior se desprenden dos tesis:

- La primera es que el anarquismo conoce diversas expresiones y manifestaciones, conservando una perfecta integridad en su esencia.
- La segunda es que es naturalmente revolucionaria y no puede adoptar métodos de lucha revolucionarios contra sus enemigos.

En el curso de su lucha revolucionaria, el anarquismo no sólo derroca a los gobiernos y suprime sus leyes, sino que también ataca a la sociedad que los engendra, a sus valores, a su moral y a su «moralidad», y así es cada vez más comprendido y asimilado por la parte oprimida de la humanidad.

Todo esto nos lleva a estar convencidos de que el anarquismo no puede seguir confinado en los estrechos límites de un pensamiento marginal y referido sólo a algunos grupos aislados. Su influencia natural en la mentalidad de los grupos humanos en lucha es más que evidente. Para que esta influencia sea asimilada conscientemente, debe dotarse de nuevos medios y tomar el camino de las prácticas sociales.

Publicado en *Dielo Trudá*,
nº 4, septiembre de 1925, pp.7-8.

# La lucha contra el Estado
## (1926)

El hecho de que el Estado moderno sea la forma organizativa de una autoridad fundada sobre la arbitrariedad y la violencia en la vida social de los explotados, es independiente de que éste sea "burgués" o "proletario"[1]. Éste descansa sobre el centralismo opresivo, que emana directamente de la violencia que una minoría ejerce contra la mayoría. A fin de reforzar e imponer la legalidad de su sistema, el Estado no sólo recurre a sus armas y a su dinero, sino que también a potentes armas de presión psicológica. Con la ayuda de tales armas, un pequeño grupo de políticos refuerza la represión psicológica en la sociedad entera y, particularmente, en las masas laboriosas, condicionándolas de tal manera, para desviarles su atención de la esclavitud institucionalizada por el Estado.

Así que debemos dejar en claro que si vamos a combatir la violencia organizada del Estado moderno, debemos disponer de armas poderosas, apropiadas para la magnitud de esta tarea. Hasta ahora, los métodos de acción social empleados por la clase obrera revolucionaria en contra del poder de los opresores y explotadores -el Estado y el Capital- en conformidad con las ideas libertarias, han sido insuficientes para guiar a los explotados a su victoria completa.

Ha ocurrido en la Historia que los trabajadores han derrotado al Capital, pero la victoria se ha escapado luego de sus manos,

---

1     NdT: Clara alusión al gobierno bolchevique en la Unión Soviética, que disfrazaba la naturaleza burocrática, represiva y anti-popular de su Estado, bajo la fórmula de ser un Estado "obrero" (a lo que los "disidentes" trotskistas sumaban el apellido "degenerado").

porque algún poder Estatal ha emergido, amalgamando los intereses del capital privado y aquellos del capitalismo de Estado, a fin de triunfar sobre los explotados.

La experiencia de la Revolución Rusa ha expuesto crudamente nuestras limitaciones a este respecto. No debemos olvidar esto, sino que debemos entregarnos, simplemente, a identificar estas limitaciones.

Debemos reconocer que nuestra lucha en contra del Estado en la Revolución Rusa fue notable, pese a la desorganización que afligía a nuestras filas: notable, pero sobre todo, en lo que concierne a la destrucción de aquella odiosa institución. Pero, al contrario, nuestra lucha fue insignificante en el plano de la construcción de la sociedad libre de trabajadores y de sus estructuras sociales, que habrían asegurado que ésta prosperara más allá del alcance de la tutela del Estado y de sus instituciones represivas.

El hecho de que nosotros, los comunistas libertarios o los anarco-sindicalistas, fracasamos en anticipar la secuencia de la Revolución Rusa y en apurar la creación de nuevas formas de actividad social a tiempo, llevó a que muchos de nuestros grupos y organizaciones estuvieran desorientados, una vez más, respecto a su linea política y socio-estratégica en el frente de lucha de la Revolución.

Si queremos evitar una futura recaída en estos mismos errores, cuando suceda alguna situación revolucionaria, y a fin de retener la cohesión y la coherencia de nuestra linea organizativa, debemos, primero que nada, amalgamar nuestras fuerzas en una sola colectividad activa y luego, sin más rodeos, definir nuestra concepción constructiva de las unidades económicas, sociales, locales y territoriales, cosa de que estén descritas en detalle (soviets libres), y que en particular se describa, en un marco amplio, su misión revolucionaria básica en la lucha contra el Estado. La vida contemporánea y la Revolución Rusa, requieren de esto.

Aquellos que se han involucrado en las mismas filas de las masas obreras y campesinas, participando activamente de las victorias y fracasos de su campaña, deben sin dudas llegar a nuestras mismas conclusiones, y más específicamente a una apreciación de que nuestra lucha contra el Estado debe ser llevada a cabo hasta que el Estado haya sido completamente erradicado: también reconocerán que el rol más duro en aquella lucha es el rol de las fuerzas armadas revolucionarias.

Es esencial que el rol de las fuerzas armadas de la Revolución, esté ligado a las entidades sociales y económicas, en donde el pueblo trabajador se organizará desde los tempranos días de la Revolución en adelante, para que se introduzca la total auto-organización de la vida, fuera del alcance de toda estructura estatal.

Desde este momento en adelante, los anarquistas deben enfocar su atención sobre ese aspecto de la Revolución. Deben convencerse de que, si las fuerzas armadas de la Revolución se organizan en vastos ejércitos o en montones de destacamentos armados locales, no pueden sino derrotar a los funcionarios y defensores del Estado, y consecuentemente, brindar las condiciones requeridas por la población explotada que apoya la revolución, a fin de cortar todas las ligaduras con el pasado y mirar hacia los detalles finales del proceso de construcción de una nueva existencia socio-económica.

El Estado, sin embargo, será capaz de aferrarse a algunos enclaves locales y tratará de poner múltiples obstáculos en el camino a la nueva vida de los explotados, desacelerando el tranco del crecimiento y del desarrollo armonioso de nuevas relaciones, fundadas en la completa emancipación del Hombre.

La liquidación final y completa del Estado sólo puede ocurrir cuando la lucha de los explotados es orientada por los lineamientos más libertarios posibles, cuando los explotados mismos sean quienes determinen las estructuras de su acción social. Estas estructuras deben asumir la forma de órganos de auto-dirección social y económica, la forma de soviets libres "anti-autoritarios". Los obreros revolucionarios y su vanguardia –los anarquistas– deben analizar la naturaleza y estructura de estos soviets y especificar sus funciones revolucionarias por adelantado. Es en base a esto, principalmente, que la evolución positiva y el desarrollo de las ideas anarquistas en las filas de aquellos que realizarán la liquidación del Estado por su propia cuenta, a fin de construir una sociedad libre, dependerá.

Publicado en *Dielo Trudá*,
nº 17, Octubre de 1926, pp. 5-6

# Sobre la disciplina revolucionaria
## (1926)

Algunos compañeros me han hecho la siguiente pregunta: ¿cómo entiendes la disciplina revolucionaria? Voy a responder.

Entiendo la disciplina revolucionaria como la autodisciplina del individuo, establecida en un colectivo actuante, igual para todos y estrictamente elaborada.

Debe ser la línea de actuación responsable de los miembros de ese colectivo, que lleve a un acuerdo estricto entre su práctica y su teoría.

Sin disciplina en la organización es imposible emprender ninguna acción revolucionaria seria. Sin disciplina, la vanguardia revolucionaria no puede existir, porque entonces estaría en completa desunión práctica y sería incapaz de formular las tareas del momento, de cumplir el papel de iniciador que las masas esperan de ella.

Me baso en la observación y la experiencia de una práctica revolucionaria consecuente. Por mi parte, me baso en la experiencia de la revolución rusa, que llevaba dentro un contenido típicamente libertario en muchos aspectos.

Si los anarquistas hubieran estado estrechamente vinculados organizativamente y hubieran observado una disciplina definida en sus acciones, nunca habrían sufrido una derrota semejante. Pero como los anarquistas «de todas las tendencias» no representaban, ni siquiera en sus grupos específicos, un colectivo homogéneo con una disciplina de acción bien definida, por esta razón estos anarquistas no podían resistir el escrutinio político y estratégico que les imponían las circunstancias revolucionarias. La desorganización los llevó a la impotencia política, dividiéndolos en dos categorías: la primera era la de los que se dedicaban a la ocupación sistemática de las casas burguesas, en las que se alojaban y vivían para su bienestar. Eran los mismos que yo llamaría «turistas», los diversos anarquistas que van de ciudad en ciudad, esperando encontrar un lugar para quedarse un tiempo en el camino, holgazaneando y quedándose el mayor tiempo posible para vivir con comodidad y buen placer.

La otra categoría estaba formada por aquellos que rompieron todo vínculo honesto con el anarquismo (aunque algunos de ellos, en la URSS, se hacen pasar por los únicos representantes del anarquismo revolucionario) y se lanzaron sobre las responsabilidades ofrecidas por los bolcheviques, incluso cuando las autoridades fusilaron a los anarquistas que se mantuvieron fieles a su posición revolucionaria denunciando la traición de los bolcheviques.

Teniendo en cuenta estos hechos, es fácil entender por qué no puedo permanecer indiferente ante el estado de descuido y negligencia que existe actualmente en nuestros círculos.

Por un lado, impide la creación de un colectivo libertario coherente, que permitiría a los anarquistas ocupar el lugar que les corresponde en la revolución y, por otro lado, les permite contentarse con frases bonitas y grandes pensamientos, mientras rehúyen el momento de pasar a la acción.

Por eso hablo de una organización libertaria basada en el principio de la disciplina fraternal. Tal organización llevaría a la necesaria comprensión de todas las fuerzas vivas del anarquismo revolucionario y le ayudaría a ocupar su lugar en la lucha del Trabajo contra el Capital.

De este modo, las ideas libertarias sólo pueden ganarse a las masas, no empobrecerse. Sólo los habladores huecos e irresponsables pueden huir de esa estructuración organizativa.

La responsabilidad organizativa y la disciplina no deben asustar a la gente: son las compañeras de la práctica del anarquismo social.

Publicado en *Dielo Trudá*,
nº 7-8, diciembre de 1925 - enero de 1926, p. 6.

Acontecimientos de la revolución de febrero Plaza del Ancla 1917

# EN RECUERDO DEL LEVANTAMIENTO DE KRONSTADT (1926)

El 7 de marzo es una fecha angustiosa para los trabajadores de la denominada «Unión de Repúblicas Socialistas Soviéticas» que participaron, de un modo u otro, en los hechos que tuvieron lugar ese día en Kronstadt. La conmemoración de esa fecha es igualmente dolorosa para los trabajadores de todo el mundo, a los que recuerda lo que los obreros y marineros libres de Kronstadt demandaban a sus verdugos rojos, al «Partido Comunista de Rusia» y a su instrumento, el gobierno «soviético», ocupado en conducir a la muerte a la revolución rusa.

Kronstadt insistió a estos verdugos estatistas que monopolizaban todo lo que pertenecía a los trabajadores de la ciudad y el campo, dado que eran ellos los que habían llevado adelante la revolución. Los de Kronstadt insistieron en la aplicación práctica de los fundamentos de la revolución de octubre: «soviets libremente elegidos, libertad de expresión y prensa para trabajadores y campesinos, anarquistas y socialistas revolucionarios de izquierda».

El Partido Comunista de Rusia vio esto como un ataque inconcebible contra su posición monopolista y, ocultando su rostro de verdugo ambicioso bajo la máscara de revolucionario y amigo de los trabajadores, llamó contrarrevolucionarios a los obreros y marineros de Kronstadt y luego envió contra ellos a decenas de miles de obedientes soldados: chekistas, *kursanty* (oficiales cadetes del Ejército Rojo), miembros del «Partido» para masacrar a estos dignos luchadores y revolucionarios que no tenían nada de lo que avergonzarse ante las masas revolucionarias, pues su única falta había sido reaccionar ante las mentiras y la cobardía del Partido Comunista de Rusia, que estaba pisoteando a los trabajadores y a la revolución. El día 7 de marzo de 1921, a las 6 y 45 minutos de la tarde, el fuego de artillería retumbaba sobre Kronstadt. Como era natural e inevitable, Kronstadt se resistió. Resistió no sólo en defensa de sus demandas, sino también en defensa del resto de trabajadores del país que estaban luchando por sus derechos revolucionarios, pisoteados arbitrariamente por las autoridades bolcheviques.

Su lucha resonó a través de toda la Rusia esclavizada, preparada para sostener su justa y heroica batalla, pero por desgracia fue impotente para ello, pues había sido desarmada y puesta bajo la esclavitud de los destacamentos represivos del Ejército Rojo y la Checa, especialmente creada para quebrar el espíritu libre y la voluntad del pueblo.

Es difícil hacer una estimación de las pérdidas sufridas por los defensores de Kronstadt y por las masas ciegas del Ejército Rojo, pero estamos seguros de que superaron los diez mil muertos. En su mayor parte, eran trabajadores y campesinos, ésos que habían sido usados por el Partido de las Mentiras para acumular poder, engatusándolos con promesas de un futuro mejor. Les había usado durante años exclusivamente para sus intereses de partido, para extender y fortalecer su dominio sobre la vida política y económica del país.

Contra la oligarquía bolchevique, Kronstadt defendió lo mejor de las luchas obreras y campesinas de la revolución rusa. Por esa razón, los oligarcas les exterminaron y, justo después de la victoria militar, encerraron al resto en las mazmorras legadas por el zarismo y el régimen burgués.

Por eso, la fecha del 7 de marzo supone un doloroso aniversario para los trabajadores de todo el mundo. Por eso, no es sólo en la memoria de los trabajadores rusos donde debe pervivir el recuerdo doloroso de los revolucionarios de Kronstadt que perecieron en la lucha y de los supervivientes que fueron encarcelados en las mazmorras bolcheviques. Se trata de un asunto que no se resolverá con lamentaciones: junto a la conmemoración del 7 de marzo, todos los trabajadores del mundo deberían organizar acciones para protestar contra la masacre cometida en Kronstadt por el Partido Comunista de Rusia, contra los obreros y marineros revolucionarios y para exigir la liberación de los supervivientes que languidecen en las prisiones bolcheviques y en los campos de concentración de Finlandia.

Publicado originalmente en *Dielo Trudá*,
nº 10, marzo de 1926.

Asamblea del soviet de Petrogrado

# LA IDEA DE IGUALDAD Y LOS BOLCHEVIQUES

## (1926)

El 14º Congreso del Partido Comunista Ruso ha condenado sin paliativos la noción de igualdad. Con anterioridad al congreso, Zinoviev había mencionado esa noción en el transcurso de una polémica con Ustrialov y Bujarin. Declaró entonces que toda la filosofía contemporánea estaba basada en la idea de igualdad. Kalinin habló enérgicamente al congreso contra este parecer, defendiendo que ninguna referencia a la igualdad podía ser de utilidad, sino más bien perjudicial y que por ello no debía ser tolerada. Sus razonamientos fueron los siguientes:

«¿Podemos hablar de igualdad a los campesinos? No, de ningún modo porque, en ese caso, se plantearían demandar iguales derechos que los trabajadores, lo que estaría en absoluta contradicción con la dictadura del proletariado. ¿Podemos hablar de igualdad a los trabajadores? No, de ningún modo, porque pueden plantearse por qué si un miembro del partido comunista y uno que no lo es hacen el mismo trabajo el primero cobra el doble que el segundo. Para conceder la igualdad habría que permitir que los que no son miembros del partido comunista demandaran el mismo sueldo que el de un comunista. Camaradas ¿sería esto aceptable? No, de ninguna manera. ¿Podemos hablar de igualdad entre los propios comunistas? No, tampoco, porque ocupan diferentes posiciones, tanto en relación a sus derechos como a sus circunstancias materiales».

En base a estas consideraciones, Kalinin concluyó que el uso por parte de Zinoviev de la palabra «igualdad» sólo podía considerarse como demagógico y perjudicial.

En su réplica, Zinoviev expuso al congreso que, aunque había hablado de igualdad, lo había hecho con un sentido diferente. Todo lo que tenía en mente, dijo, era la «igualdad socialista», esto es, la igualdad que un día en un futuro más o menos cercano sería una realidad. Para el tiempo presente, hasta que llegara la revolución mundial (y no había manera de saber cuándo ocurriría eso), no podía ni plantearse la cuestión de la igualdad. En particular, no podía haber igualdad de derechos, porque eso sería arriesgarse a virar hacia desviaciones «democráticas» muy peligrosas.

Esta interpretación de la noción de igualdad no salió en forma de resolución del congreso. Pero, en la esencia, los dos bandos que se enfrentaron en el congreso estaban de acuerdo en que la idea de igualdad era intolerable.

Antes, y no hace de eso tanto tiempo, los bolcheviques hablaban un lenguaje bastante diferente. Ellos obraron durante la gran revolución rusa bajo la bandera de la igualdad, para derrocar a la burguesía conjuntamente con los obreros y los campesinos, en cuyo nombre se hicieron con el control político del país. Fue bajo estos colores que, después mandaron sobre las vidas y las libertades de los trabajadores de la vieja Rusia durante ocho años.[2]

De modo que, después de ocho años de ser dueños y señores de las vidas y libertades de los trabajadores de la antigua Rusia (de ahora en adelante conocida como «Unión de Repúblicas Socialistas Soviéticas») los zares bolcheviques buscan persuadir a los trabajadores de dicha «Unión» (oprimidos por ellos), así como a los trabajadores de otros países (a los que aún no controlan) de que si ellos han perseguido, enviado a prisión, deportado o asesinado a sus enemigos políticos, lo han hecho exclusivamente en nombre de la revolución,

---

2 NdT El texto está escrito ocho años después de la revolución.

cuyos principios igualitarios (que ellos afirman haber introducido en la revolución) supuestamente querían destruir dichos enemigos.

Pronto hará ocho años desde que la sangre de los anarquistas comenzara a correr por su negativa a inclinarse servilmente ante la violencia y la desvergüenza de quienes han amasado el poder, ni ante su ideología mentirosa y su total irresponsabilidad.

En ese acto criminal, que no puede ser descrito de otra manera que como una carnicería a cargo de los dioses bolcheviques, los mejores frutos de la revolución han perecido porque fueron los exponentes más leales de los ideales revolucionarios y porque no pudieron ser sobornados para que abjuraran de ellos. Defendiendo con honestidad los principios de la revolución, estos hijos suyos intentaron frenar la locura de los dioses bolcheviques y encontrar una salida ante su vía muerta, así como abrir paso a la libertad real y a la genuina igualdad de los trabajadores.

Los poderosos bolcheviques pronto comprendieron que las aspiraciones de estos hijos de la revolución cavarían la tumba de su locura y de todos los privilegios que hábilmente habían heredado de la burguesía, entonces con sus malas artes hicieron uso de su posición. Por estos motivos condenaron a muerte a los revolucionarios. Hombres con alma de esclavos les apoyaron en ello y la sangre corrió. Durante los últimos ocho años ha continuado corriendo y ¿en el nombre de qué? podríamos preguntar. En el nombre de la libertad y la igualdad de los trabajadores, dicen los bolcheviques, continuando con el exterminio de miles de revolucionarios anónimos, de luchadores por la revolución social, a los que tacharon de «contrarrevolucionarios» y de «bandidos».

Con estas desvergonzadas mentiras, los bolcheviques han ocultado la verdadera naturaleza de los hechos en Rusia de la vista de los trabajadores del mundo entero, particularmente su fracaso total en lo que se refiere a la construcción del socialismo, cuando se trata de algo evidente para todo aquél que tenga ojos.

Los anarquistas alertaron en todo momento a los trabajadores de todos los países de los crímenes bolcheviques durante la revolución rusa. El bolchevismo, encarnando el ideal del Estado centralizado, se ha mostrado como el enemigo mortal del espíritu libre de los trabajadores. Recurriendo a medidas sin precedentes, ha saboteado el desarrollo de la revolución y destruido sus aspectos más sublimes y dignos. Con un disfraz exitoso, ocultó su rostro real a los trabajadores, presentándose ante ellos como campeón de sus intereses. Sólo ahora, después de un reinado de ocho años, flirteando cada vez más con la burguesía internacional, comienza ya a quitarse esa máscara y mostrar directamente al mundo del trabajo su rostro de rapaz explotador.

Los bolcheviques han enarbolado la idea de igualdad, pero no en la práctica, sino sólo en la teoría y la mera enunciación de ella les parece hoy peligrosa. Esto es comprensible, pues su dominio descansa en una noción diametralmente opuesta, en una sangrante desigualdad, el horror más absoluto y las maldades de quienes viven encaramados sobre las espaldas de los trabajadores. Esperemos que los trabajadores de todo el mundo saquen las conclusiones oportunas y, a continuación, acaben con los bolcheviques, esos defensores de la esclavitud y opresores del trabajo.

Publicado originalmente en *Dielo Trudá*,
nº 9, febrero de 1926.

# SUPLEMENTO A LA PLATAFORMA ORGANIZATIVA (PREGUNTAS Y RESPUESTAS) (1926)

Como era de esperar, la Plataforma Organizativa para una Unión General de Anarquistas ha despertado un vivo interés entre los muchos militantes del movimiento libertario ruso. Mientras algunos suscriben de lleno la idea general y las tésis fundamentales de la «Plataforma», otros elaboran críticas y expresan desconfianza sobre algunas de sus tésis.

Saludamos igualmente a la recepción positiva de la Plataforma como a las críticas sinceras a ella. Porque, en el esfuerzo de crear un programa anarquista completo, así como una organización anarquista cabal, la crítica honesta, seria y sustancial, es tan importante como las iniciativas creadoras positivas.

Las preguntas que reproducimos a continuación, emanan precisamente de esa clase de criticas serias y necesarias, y es con cierta satisfacción que les damos la bienvenida. Al hacérnoslas llegar, su autora[3] -una militante que se ha mantenido, por bastantes años,

---

3    NdT: Maria Isidine, pseudónimo de Maria Korn, también apodada Maria Goldsmidt. Anarquista y científica, discípula de las ideas comunistas anárquicas de Kropotkin. Hija de una madre *narodniki* (populistas rusos) y un padre de ideas positivistas. En 1903 funda en Ginebra, junto a otros anarquistas rusos en el extranjero, la revista mensual anarquista *Jleb i Volia* ("Pan y Libertad"). Además, produjeron importantes cantidades de literatura anarquista, que se distribuyeron en Rusia en vísperas de la revolución de 1905. Posteriormente, este grupo (de unos 50 exiliados rusos) se trasladaría a París, donde Maria Korn destacaría como oradora anarquista y contribuiría regularmente con artículos en distintos periódicos de exiliados rusos. En

bien respetada en nuestro movimiento- adjunta una carta en que dice:

> «Obviamente, la Plataforma Organizativa está diseñada para ser discutida por todos los anarquistas. Antes de formular cualquier opinión definitiva sobre esta 'Plataforma' y, quizás, antes de hacer mención a ella en la prensa, quisiera que fueran explicados ciertos aspectos que están insuficientemente explicitados en ella. Podría bien ser el caso, que otros lectores encuentren en la 'Plataforma' un considerable grado de precisión, y que ciertas objeciones no se basen más que en malentendidos. Es por esta razón que quisiera hacer una serie de preguntas a ustedes antes que nada. Es muy importante que ustedes respondan de manera clara, pues serán sus respuestas las que den un entendimiento del **espíritu** general de la 'Plataforma'. Quizás vean la necesidad de responder en su revista.»

Al terminar su carta, la compañera agrega que desea evitar la controversia en las columnas de la revista *Dielo Trudá*. Es por esto que ella busca, sobre todo, la clarificación de ciertos puntos esenciales de la Plataforma. Esta clase de aproximación es bastante justa. Es demasiado fácil lanzarse a la polémica con el fin de oponerse a una visión con la cual se cree estar en desacuerdo. Es aún más fácil preocuparse solamente de polemizar, sin molestarse en elaborar ninguna **sugerencia** positiva como **alternativa**, en lugar de la visión criticada. Lo que es infinitamente más difícil, es **analizar apropiadamente** la nueva propuesta, para comprenderla,

---

esta época, además, M. Korn realizaría estudios de psicología y biología en la Universidad Sorbona, titulándose como doctora en Ciencias Naturales en 1915. Apoyó la postura "defensista" de Kropotkin durante la Primera Guerra Mundial, tomando posición por la Entente. Debido a los problemas de salud de su madre, permanece en París después de la revolución de 1917. Se suicida en 1932, al caer en profunda depresión después de la muerte de su madre.

a fin de llegar a una opinión bien fundada sobre ella. Es exactamente esta última y más difícil opción, la elegida por la autora de las preguntas.

Aquí están las preguntas:

1. El punto central de la Plataforma, es agrupar a la mayoría de los militantes del movimiento anarquista, sobre la base de una táctica y una línea política común: la formación de una Unión General. Ya que ustedes son federalistas, aparentemente tienen en mente una Unión que agrupe a grupos autónomos. Ahora bien, ustedes también tienen en mente la existencia de un Comité Ejecutivo que se hará cargo de la «conducta ideológica y orgánica en la actividad de los grupos aislados». Ese tipo de organización se encuentra en todos los partidos, pero es posible sólo si uno acepta el **principio de mayoría**. En su organización, ¿cada grupo será libre de prescribir sus propias tácticas y establecer su propia posición ante cada asunto dado? Si la respuesta es afirmativa, entonces su unidad será de carácter puramente **moral** (como ha sido, y aún es el caso, en el movimiento anarquista). Si, por otra parte, ustedes buscan unidad organizativa, esa unidad, por necesidad, será **coercitiva**. Y luego, si ustedes aceptan el principio de mayoría en su organización, ¿sobre que bases lo pueden repudiar en el proceso de construcción social? Sería deseable que a futuro clarifiquen sus conceptos de vínculo federativo, del rol de los Congresos y del principio de mayoría.

2. Hablando del «régimen libre de los soviets», ¿qué funciones creen ustedes que estos soviets debieran realizar, a fin de convertirse en «los primeros pasos en dirección a una actividad constructiva no-estatal»? ¿Cuáles serían sus tareas? ¿Serían sus decisiones obligatorias?

3. La Plataforma dice, «los anarquistas deben guíar los eventos desde un punto de vista teórico». Esta posición no está suficientemente clara. ¿Significa simplemente que los anarquistas harán lo máximo para que las organizaciones que construirán el nuevo orden (sindicatos, organizaciones locales, cooperativas, etc.) estén imbuídas de ideas libertarias? ¿O significa que los mismos anarquistas **tomen a cargo** esta construcción? De ser el último caso, ¿cómo diferiría ese estado de cosas de una «dictadura de partido»? Es muy importante aclarar este asunto. Especialmente, porque las mismas preguntas aparecen respecto al rol de los anarquistas en los sindicatos. ¿Qué significa la expresión: **entrar a los sindicatos de manera organizada**? ¿Significa meramente que los camaradas que trabajan en los sindicatos deban llegar a un cierto acuerdo para establecer una línea política? ¿O significa que el Comité Ejecutivo anarquista prescribirá la táctica del movimiento obrero, determinará las huelgas, movilizaciones, etc., y que aquellos anarquistas activos en los sindicatos intentarán asumir posiciones de liderazgo y, haciendo uso de su autoridad, forzarán estas decisiones entre los miembros comunes del sindicato? La mención que se hace en la «Plataforma», de que la actividad de los grupos anarquistas activos en los círculos sindicales sea **guiada por una organización general anarquista**, levanta toda clase de suspicacias a este respecto.

4. En la sección sobre la defensa de la revolución, se declara que el ejército debe estar subordinado a las **organizaciones obreras y campesinas en todo el territorio, sostenidos por las masas en posiciones que velen por la vida económica y social del país.** En lenguaje cotidiano, esto se llama «autoridad civil» de los electos. ¿Qué significa esto

para ustedes? Resulta obvio que una organización que de hecho dirige el conjunto de la vida, y que puede comandar a un ejército no es otra que un **poder estatal**. Este punto es tan importante, que los autores de la «Plataforma» tienen el deber de extenderse en él. Si se tratara de una «forma transicional», ¿cómo es que la plataforma rechaza la idea de un «período de transición»? Y si se tratara de una forma definitiva, ¿qué tendría la «plataforma» de **anarquista**?

5.  Quedan algunas interrogantes que, si bien no son tratadas en la «Plataforma», sin embargo, juegan un importante papel en los desacuerdos entre compañeros. Déjeseme citar algunas de estas interrogantes: Supongamos que una región se encontrara efectivamente bajo la influencia de los anarquistas. ¿Cuál sería su actitud hacia los otros partidos? ¿Contemplan, los autores de la Plataforma, la posibilidad de usar la violencia en contra de un enemigo que **no tiene recurso de armas**? ¿O, siendo consecuentes con las ideas anarquistas, proclaman la **indisoluble libertad de expresión, de prensa, de organización, etc., para todos**? (Hace algunos años, semejante pregunta habría parecido fuera de lugar. Pero en el presente, ciertas posiciones de las cuales estoy al tanto, me impiden estar segura de la respuesta). Y hablando en general, ¿es aceptable que las decisiones propias sean implementadas por la fuerza? ¿Los autores de la «Plataforma», contemplan el ejercicio del poder, aunque sea por un instante?

Sean cuales sean las respuestas del grupo a estas interrogantes, no puedo callarme sobre ninguna idea en la «Plataforma» que esté abiertamente en contradicción con el comunismo **anarquista** que profesa.

Ustedes especulan que una vez que el sistema de trabajo asalariado y la explotación sean abolidos, quedarán, sin embargo algunos ciertos elementos no-obreros, y a estos los excluyen de la fraternal unión colectiva de los trabajadores: no tendrán credenciales para compartir el producto común. Ahora bien, siempre fue uno de los principios fundamentales del anarquismo «A cada cual según sus necesidades»: y fue ese principio el que el anarquismo siempre contempló como la mejor garantía de la solidaridad social. Cuando se enfrentaban a la pregunta: «¿Qué harán con los ociosos?», siempre se contestó: «Mejor es alimentar a unos cuantos ociosos a cambio de nada, que introducir, solo por que éstos existen, algún principio falso y dañino en la vida social».

Ahora ustedes crean, por razones políticas, una suerte de categoría de ociosos, y por vías represivas, los harían morir de hambre. Pero aparte de los aspectos morales, ¿se han detenido a considerar a que nos llevaría todo esto? En el caso de aquellos que no trabajan, deberemos establecer sobre qué bases ellos no trabajan: deberíamos convertirnos en lectores de mentes y probar sus creencias. De negarse alguien a desarrollar una **determinada** tarea, deberíamos investigar las razones por qué se niega. Deberíamos determinar si no se trata de sabotaje o contrarrevolución. ¿El resultado? Espionaje, trabajo forzado, «reclutamiento laboral» y, como corolario, ¡los productos vitales para la subsistencia estarían en manos de autoridades **capaces de matar de hambre a la oposición hasta matarla**! ¡Las raciones serían un arma en la lucha política! ¡Cómo puede ser que lo que han visto en Rusia no los haya persuadido de la abominable naturaleza de tales disposiciones! Y no estoy hablando del daño que podría hacer al destino de la revolución: tal quiebre brutal de la solidaridad social no podría ayudar sino a criar enemigos peligrosos.

Es en relación a este problema, donde se encuentra la llave a toda la concepción anarquista de organización social. Si uno tuviera que hacer concesiones sobre este punto, rápidamente se estaría dispuesto a abandonar todo el resto de las ideas anarquistas, ya que **su** aproximación al problema hace que cualquier forma de organización social **no-estatalista** resulte imposible. Puede ser que tenga que escribir a la prensa sobre la «Plataforma». Pero preferiría postergar esto, hasta que todas estas áreas grises hayan sido aclaradas.

Por tanto, la *Plataforma organizativa* ha suscitado una serie de preguntas sustantivas expuestas en la citada carta, principalmente:

- La cuestión de las **mayorías y minorías** en el movimiento anarquista.
- Sobre la **estructura y rasgos esenciales del régimen libre de los soviets.**
- Sobre la **guía ideológica de los eventos y de las masas.**
- Sobre la **defensa de la revolución.**
- Sobre la **libertad de prensa y libertad de palabra.**
- Sobre la construcción social en base al principio anarquista de **a cada cual según sus necesidades.**

Procederemos a contestar en orden:

**1. La cuestión de las mayorías y las minorías en el movimiento anarquista.** La autora se aproxima a esta cuestión ligándola a nuestra idea de un Comité Ejecutivo en la Unión. Si el Comité Ejecutivo de la Unión tiene, entre otras funciones de naturaleza ejecutiva, aquella de «guiar la actividad de los grupos aislados desde un punto de vista teórico y orgánico», ¿puede esa guía no ser coercitiva? Entonces: ¿son libres los grupos afiliados a la Unión de prescribir sus propias tácticas y determinar su propia posición con respecto a cada tema particular? ¿O debieran estar obligados a cumplir una táctica general y una posición general determinada por la mayoría de la Unión?

Permítasenos decir, antes que nada, que en nuestra opinión, el Comité Ejecutivo de la Unión no puede ser un cuerpo dotado de ningún poder de naturaleza coercitiva, como en el caso de los partidos políticos centralistas. El Comité Ejecutivo de la Unión General de Anarquistas es un cuerpo que **desarrolla funciones de naturaleza general en la Unión**. En vez de «Comité Ejecutivo», este cuerpo podría ser llamado «Secretariado General de la Unión» Sin embargo, hemos preferido el nombre «Comité Ejecutivo», porque contiene mejor la idea de **función ejecutiva** y de iniciativa. Sin limitar, de ninguna manera, los derechos de los grupos aislados, el Comité Ejecutivo podrá ser capaz de guiar su actividad en un sentido teórico y orgánico. Pues siempre habrá grupos en el seno de la Unión que se sentirán sobrepasados por varios asuntos tácticos, para lo cual la asistencia ideológica y orgánica será siempre necesaria para ciertos grupos. No es necesario decir que el Comité Ejecutivo estará bien situado para dar esa asistencia, pues será, en virtud a su condición y sus funciones, el más imbuído con la linea organizativa y táctica adoptada por la Unión sobre una variedad de asuntos.

Pero, si aún entonces, algunas organizaciones o lo que fuera, indicaran un deseo de seguir su propia linea táctica, ¿Podría el Comité Ejecutuivo, o la Unión en su conjunto, estar en posición de evitarles hacer esto? En otras palabras, ¿La línea política y táctica de la Unión emana de la mayoría, o cada grupo estará facultado para operar según le parezca correcto, habiendo varias lineas en la Unión?

**Como regla**, creemos que la Unión, como un solo cuerpo, debe tener tener una linea táctica y política **única**. De hecho, la Unión ha sido concebida con el propósito de poner fin a la dispersión y desorganización del movimiento anarquista, siendo su intención forjar, en lugar de una multiplicidad de lineas tácticas que generan fricciones internas, una linea política general, que habilite a los elementos libertarios a buscar una dirección común para que sean más exitosos a la hora de alcanzar su objetivo. En ausencia de lo cual la Unión habría perdido una de sus principales razones de ser.

Sin embargo, habrán momentos en que las opiniones de los miembros de la Unión sobre tal o cual cuestión, estén divididas, lo que dará paso a la conformación de una visión mayoritaria, y una visión minoritaria. Tales situaciones son un lugar común en la vida de todas las organizaciones y de todos los partidos. Frecuentemente, se busca una solución para tal situación.

Creemos, antes que nada, que por el bien de la unidad de la Unión, la minoría debiera, en tales casos, hacer concesiones a la mayoría. Esto podría ser fácilmente alcanzable en casos de diferencias de opinión insignificantes entre la mayoría y la minoría. Pero si la minoría considerara que sacrificar su punto de vista es imposible, entonces, estaría la posibilidad de tener dos opiniones y tácticas divergentes en el seno de la Unión: una visión y una táctica mayoritaria, y una visión y táctica minoritaria.

En cuyo caso, la posición debiera estar bajo el escrutinio de la Unión como un todo. Si, después de dar la discusión, la existencia de dos visiones divergentes sobre el mismo asunto fuera juzgado como un hecho factible, la coexistencia de aquellas dos opciones será aceptada como un hecho.

Finalmente, en la eventualidad de que un acuerdo entre la mayoría y la minoría sobre los asuntos tácticos y políticos que los separan demuestre ser imposible, habría un quiebre entre la mayoría y la minoría, que formaría una organización aparte.

Tales son los tres posibles resultados en la eventualidad de un desacuerdo entre una mayoría y una minoría. En todos los casos, el problema no sería resuelto por el Comité Ejecutivo, el cual, permítasenos repetir, es sencillamente un órgano ejecutivo de la Unión, sino por toda la Unión como conjunto: en instancia de alguna Conferencia o Congreso de la Unión.

2. **El régimen libre de los Soviets**. Repudiamos el actual estado de los Soviets (Bolchevique), porque representa solo una

determinada forma política del Estado. Los soviets de diputados obreros y campesinos son una forma de organización política estatal controlada por un partido político. En oposición a lo cual, proponemos **organizaciones soviéticas de producción y consumo de obreros y campesinos**. Eso significa la consigna: régimen libre de soviets y de comités de fábricas. Consideramos que tal régimen representa un esquema social y económico en el que todas las partes y funciones de la vida económica y social están concentradas en manos de las organizaciones de producción y consumo de los trabajadores, las que realizarán esas funciones sin perder de vista la satisfacción de las necesidades del conjunto de la sociedad de trabajadores. Una Federación de tales organizaciones y sus soviets, prescindiría del Estado y del sistema capitalista, y sería el punto de quiebre del régimen de soviets libres. Podemos estar seguros de que este régimen no representará instantáneamente de cuerpo entero el ideal de la comuna anarquista, pero será la primera demostración, el primer ensayo práctico de aquella comuna, y nos llevará a la era de la creatividad libre y no-estatalista de los explotados.

Somos de la opinión que, respecto a las decisiones relativas a los diversos aspectos de la vida social y económica, los soviets de organizaciones de obreros y campesinos o de comités de fábrica las observarán, no mediante violencia y decretos, sino que de común acuerdo con las masas trabajadoras, que estarán directamente involucradas a la hora de tomar decisiones. Aquellas decisiones, sin embargo, deberán ser acatadas por todos quienes votan por ellas y por quienes las respaldan.

3. **Los anarquistas guiarán a las masas y a los eventos respecto a la teoría**. La acción de guiar a los elementos revolucionarios y al movimiento revolucionario de las masas, en términos de las ideas, no puede y no debe ser considerada como una aspiración por parte de los anarquistas de querer tomar la construcción de la nueva sociedad en sus propias manos. Tal construcción no puede

ser llevada a cabo sino por el conjunto de la sociedad que trabaja, pues tal tarea le pertenece solo a ella, y cualquier intento de despojarle de ese derecho, debiera ser condenado como anti-anarquista. La cuestión de la conducción ideológica, no dice relación con la construcción socialista, sino con con la influencia **teórica y política** que se debe ejercer sobre la marcha revolucionaria de los eventos políticos. Ni seríamos revolucionarios, ni seríamos luchadores, si no tomaramos interés en el carácter y el contenido de la lucha revolucionaria de las masas. Y ya que el carácter y el contenido de aquella lucha están determinadas no sólo por factores objetivos, sino también por factores subjetivos, o sea, por la influencia de una variedad de grupos políticos, tenemos el deber de hacer todo cuanto podamos para ver la influencia ideológica del anarquismo maximizada sobre la marcha de la revolución.

La actual «era de revoluciones y guerras» expone este gran dilema con una excepcional agudeza: los eventos revolucionarios evolucionarán ora bajo el influjo de las ideas estatalistas (aunque sean estas socialistas), ora bajo el influjo de ideas no estatalistas (anarquistas). Y, ya que somos inconmovibles en nuestra convicción de que la corriente estatalista ocasionará la derrota de la revolución y encausará a las masas a una renovada esclavitud, nuestra tarea se desprende de ello con implacable lógica: hacer todo cuanto está a nuestro alcance, para ver la revolución moldeada en base a tendencias anarquistas. Ahora bien, nuestra antigua forma de operar, esa aproximación primitiva, que descansa en pequeños grupos dispersos, no sólo no llevará a cabo esa tarea, sino que, de hecho, la entorpecerá. Entonces, debemos proceder en base a un nuevo método. **Debemos orquestar la fuerza de la influencia teórica del anarquismo sobre la marcha de los eventos.** En lugar de ser una influencia intermitente, sentida mediante acciones mínimas e inconexas, debe convertirse en un factor poderoso y constante. Esto, según nuestro parecer, escasamente puede ser posible, a menos que los mejores de entre los militantes anarquistas, tanto en términos teóricos como prácticos, se organicen en un cuerpo capaz de acciones vigorosas y bien asentado en términos teóricos y tácticos: en una Unión General de Anarquistas. Es en este mismo sentido que la guía, en términos teóricos, sobre el sindicalismo revolucionario, debe ser entendida. Entrar a los sindicatos de manera organizada, significa entrar como **portadores de una cierta teoría, de un plan de trabajo prescrito**, trabajo el cual debe ser estrictamente compatible, en este caso, con cada anarquista operando adentro del sindicato. La Unión Anarquista escasamente se molestará en prescribir tácticas para el resto del movimiento obrero o en trazar planes de huelgas y movilizaciones. Pero deberá **diseminar** en el seno de los sindicatos sus ideas en relación a las tácticas revolucionarias de la clase obrera y en diversos eventos: eso constituye uno de sus derechos inalienables. Sin embargo, en el esfuerzo de propagar sus ideas, los anarquistas deberán estar en estricto acuerdo, tanto unos con otros, como con los esfuerzos de la organización anarquista general a la que pertenecen y en nombre de la cual desarrollarán el trabajo ideológico y organizativo dentro del sindicato. La conducción de los esfuerzos libertarios de manera organizada en el seno de los sindicatos, y asegurando que los esfuerzos anarquistas coincidan, no tiene nada que ver con procedimientos autoritarios.

4. La objeción pronunciada que hace la autora a la tésis del programa en relación con **la defensa de la revolución**, está, más que ninguna otra, basada en un malentendido. Habiendo enfatizado, en un contexto de guerra civil, **la necesidad y la inevitabilidad** de que los explotados creen su propio ejército revolucionario, la Plataforma afirma, además, que ese ejército debe estar subordinado a la dirección general de las organizaciones productoras de obreros y campesinos.

La subordinación del ejército a estas organizaciones, no implica en absoluto la idea de una autoridad civil electa. En absoluto. Un ejército, aún siendo el más revolucionario y el más popular de los ejércitos, en términos de su mentalidad y de sus títulos, no puede, sin embargo, existir y operar por su propia cuenta, sino que debe dar cuenta de su actividad a alguien. Siendo un organismo para la defensa de los derechos de los trabajadores y de sus posiciones revolucionarias, este ejército debe, por esta sola razón, estar completamente subordinado a los trabajadores y debe ser guiado por ellos, **políticamente** hablando (enfatizamos, **políticamente** hablando, porque cuando se trata de su dirección estratégica y militar, esto sólo puede ser definido por cuerpos militares en las filas del propio ejército, que deben dar cuenta a las organizaciones obreras y campesinas).

¿Pero a quién debe estar sujeto este ejército directamente, en términos políticos? Los trabajadores no son un único cuerpo. Estarán representados por múltiples organizaciones económicas. Es a estas organizaciones, en la forma de sus agencias federales generales, a las que el ejército estará subordinado. El carácter y las funciones sociales de estas agencias han sido definidos en el transcurso de las presentes respuestas.

La noción de un ejército revolucionario de trabajadores puede ser aceptada o rechazada. Pero de ser el ejército aceptado, entonces, debe aceptarse el principio de la subordinación de aquel ejército a las organizaciones obreras y campesinas, indistintamente. No podemos prever ninguna otra solución posible a esta situación.

**5. Libertad de prensa, libertad de palabra, libertad de organización, etc.** El proletariado victorioso no debe acallar ni la libertad de palabra, ni la libertad de prensa, ni siquiera la de aquellos enemigos y opresores de antaño, derrotados entonces por la revolución. En aún menos aceptable, que haya acallamiento de la libertad de prensa y de palabra a los socialistas revolucionarios y grupos anarquistas entre las filas del proletariado victorioso.

La libertad de prensa y de palabra es esencial para los trabajadores, no simplemente para que se ilustren y entiendan mejor las tareas involucradas en los esfuerzos constructivos sociales y económicos, sino que también con vista a discernir mejor las características, argumentos, planes e intenciones esenciales de sus enemigos.

Es falso que la prensa capitalista y de otros oportunistas pueda desviar a los trabajadores revolucionarios. Los últimos serán bien capaces de descifrar y exponer a la prensa falaz y de darle la respuesta que se merece. La libertad de prensa y la libertad de palabra, sólo pueden asustar a aquellos como los capitalistas o como los comunistas[4] que sobreviven gracias a prácticas sucias, que se ven forzados a ocultar de los ojos de las muchedumbres obreras. Respecto a los trabajadores, la libertad de prensa será un tremendo favor para ellos. Les habilitará para prestar oído a todo, para juzgar por sí mismos, haciendo su comprensión más profunda y su acción más efectiva.

La monopolización de la prensa y del derecho a usar la palabra, o su limitación a estar apretada en los confines de los dogmas de un único partido, pone fin a toda confianza en los monopolistas y en su prensa. Si la libertad de palabra es estrangulada, es porque existe un deseo de ocultar la verdad: algo estrepitósamente demostrado por los bolcheviques, cuya prensa depende de sus bayonetas y es leída sólo por necesidad, al carecerse de cualquier otra.

Sin embargo, puede haber circunstancias específicas en que la prensa, o más bien, los abusos de la prensa, puedan ser restringidos sobre la base de la utilidad revolucionaria. Como ejemplo, podemos citar un episodio de la era revolucionaria en Rusia.

En el mes de noviembre de 1919, la ciudad de Ekaterninoslavia[5] estuvo en manos del Ejército insurgente Makhnovista. Pero al mismo tiempo, estaba rodeada por tropas de Denikin[6] quienes,

---

4    NdT: Se refieren al Partido Comunista ruso que suprimió toda otra tendencia de izquierda luego de asumir el poder.
5    NdT: En Ucrania.
6    NdT: Uno de los generales blancos que lucharon en el Frente Ucraniano contra la Revolución Rusa y por la re-implantación del Zarismo. Derrotado por los Makhnovistas a fines de 1919.

habiéndose atrincherado en el margen izquierdo del Dniépr[7], en el área entre las ciudades de Amur y Nizhnedneprovsk, estaban bombardeando continuamente a Ekaterinoslavia desde cañones montados en sus trenes blindados. Y una unidad Denikinista, encabezada por el general Slashchev, estaba simultáneamente avanzando hacia Ekaterinoslavia por el norte, desde el área alrededor de Kremenchug.

En ese momento, aparecían los siguientes periódicos en Ekaterinoslavia, gracias a la libertad de palabra: el órgano makhnovista *Put k Svobode* («Camino a la Libertad»), el de los Social-revolucionarios[8] de derecha, *Narodovlastie* («Poder Popular»), el de los Social-revolucionarios de izquierda ucranianos, *Borotbá* («Lucha»), y el órgano Bolchevique *Izvestia* («Estrella»). Sólo los Cadetes, los entonces líderes espirituales del movimiento Denikinista, no tenían periódico. Ahora bien, imaginemos que los Cadetes hubieran querido publicar entonces, en Ekaterinoslavia, su propio periódico, el cual, sin ninguna duda, hubiera sido un accesorio en las operaciones de Denikin, ¿debieran los trabajadores revolucionarios e insurgentes, haberles dado el derecho de publicar su periódico, aún en momentos en que su **rol militar** primordial en los eventos fuera evidente? Creémos que no.

En un contexto de guerra civil, tales casos aparecen en más de alguna ocasión. En estos casos, los obreros y los campesinos deberán guiarse, no sólo por el amplio principio de la libertad de prensa y de palabra, sino que por el rol que los portavoces enemigos tomen en relación con la lucha militar en curso.

---

7    NdT: Río en Ucrania.

8    NdT: El Partido Social-Revolucionario, era un Partido Marxista ruso, formado en 1901, cuya principal diferencia con el Partido Socialdemócrata Ruso, era el énfasis que daban en la estrategia revolucionaria al campesinado, y al uso activo que hacían de la violencia revolucionaria en contra de los agentes del zarismo. Con este fin, formaron «Organizaciones de Combate» las cuales impulsaron audaces golpes contra elementos sobresalientes de la represión zarista. Al igual que los social-demócratas rusos, tenía un ala moderada, llamada de derecha, y un ala radical, llamada de izquierda.

Hablando en general, y con la excepción de casos extraordinarios (como durante una guerra civil), los obreros victoriosos deberán otorgar libertad de palabra y de prensa, tanto a las opiniones de izquierda, como a las opiniones de derecha, indistintamente. Tal libertad será un orgullo y una felicidad en la sociedad de trabajadores libres.

Los anarquistas aceptan la violencia revolucionaria en la lucha contra el enemigo de clase. Urgen a los trabajadores a hacer uso de ella. Pero jamás aceptarán hacerse del poder, aunque más no sea por un instante, ni imponer sus decisiones sobre las masas por la fuerza. En relación a esto, sus métodos son: propaganda, la fuerza de los argumentos y persuadir con los escritos y con la palabra.

6. La interpretación adecuada del principio anarquista: **«De cada cual según sus capacidades, a cada cual según sus necesidades»**.

Sin lugar a dudas, este principio es piedra angular del anarquismo comunista (ver «la Plataforma»). Ningún otro precepto económico, social o legal refleja tan bien como este el ideal del Comunismo Anárquico. La Plataforma agrega además que: «la Revolución Social, que debe apuntar a la reconstrucción de todo el orden social establecido, debe salvaguardar que las necesidades básicas de todos sean satisfechas». Sin embargo, esta es una declaración de principios amplia sobre el asunto de un régimen anarquista. Debe ser distinguida de las demandas prácticas de los primeros días de la Revolución Social. Como las experiencias de la Comuna de París y de la Revolución Rusa han demostrado, las clases poseedoras son golpeadas, pero no definitivamente. En los primeros días, sólo una idea los obsesiona: agruparse, acabar con la revolución y restaurar sus privilegios perdidos.

Siendo ese el caso, sería extremadamente riesgoso y fatalmente peligroso para la Revolución, compartir los productos disponibles en la zona revolucionaria de acuerdo al principio «a cada cual según sus necesidades». Sería doblemente peligroso pues, aparte de la satisfacción que se daría a las clases enemigas de la revolución, lo cual sería moral y estratégicamente inconcebible, nuevas clases surgirían inmediatamente y éstas, al ver que la revolución provee las necesidades de todas las personas, preferirían el ocio al trabajo. Este doble peligro es algo que no puede ser sencillamente ignorado, porque rápidamente se aprovecharían de la revolución, a menos que se adopten medidas efectivas en contra de esto. La mejor medida, sería poner a las clases contrarrevolucionarias y parásitas a hacer algún trabajo útil. En una u otra esfera, de una manera u otra, estas clases tendrán que encontrarse un trabajo útil del que la sociedad tenga necesidad: y es su propio **derecho** a tener su parte del producto de la sociedad que los **forzará** a ello, ya que no puede haber derechos que no impliquen ciertas obligaciones. Ese es el punto que aquel espléndido principio anarquista debe destacar. Propone, de manera notable, que se dé a cada individuo en proporción a sus necesidades, garantiza que cada individuo ponga sus fuerzas y facultades al servicio de la sociedad y **no que no la sirva en absoluto a la sociedad**.

Se hará excepción con los niños, con los ancianos, con los enfermos y los discapacitados. Justamente, la sociedad excusará a todas esas personas de su deber a trabajar, sin negarles la satisfacción de todas sus necesidades.

El entendimiento moral de los trabajadores se indigna profundamente con los principios de aquellos que toman de la sociedad según sus necesidades, pero que le dan a cambio según su estado de ánimo o, sencillamente, no dan nada a cambio: los trabajadores han sufrido por demasiado tiempo la aplicación de este absurdo principio, y es por esta razón que son inflexibles en este punto. Nuestro sentimiento de la justicia y de la lógica, también se indigna ante este principio.

Esta actitud cambiará completamente, en la medida en que la sociedad de productores libres se arraigue y cuando ya no queden clases saboteando la nueva producción por motivos de naturaleza contrarrevolucionaria, sino que solo queden un puñado de ociosos. Entonces podrá la sociedad hacer completamente realidad el principio anarquista «De cada cual según sus capacidades, a cada cual según sus necesidades», pues sólo en base a este principio puede la sociedad asegurar su oportunidad de respirar la completa libertad y la genuina igualdad. Pero aún entonces, la regla general será que toda persona en sus plenas capacidades, que disfruta de derechos sobre los recursos materiales y morales de la sociedad, incurra en ciertas obligaciones respecto a la producción de éstos.

Bakunin, analizando este problema en su época, escribía, en plena madurez de su pensamiento y actividad anarquista (en 1871, según el camarada Nettlau)[9]: «*Todos tendrán que trabajar, si es que quieren comer. Cualquier persona que se rehúse a trabajar, será libre de perecer de hambre, a menos que encuentre alguna asociación o localidad dispuesta a alimentarle, por lástima. Pero entonces, sería quizás justo no otorgarle ningún derecho político, ya que, siendo capaz de trabajar, su vergonzosa situación está establecida por opción propia y vive a costa del trabajo ajeno. Y no habrá más base para los derechos políticos y sociales que el trabajo desempeñado por cada individuo*».

**Grupo de Anarquistas Rusos en el Extranjero**
Comité Editorial de *Dielo Trudá*,
2 de noviembre 1926.

---

9    NdT: Mención a Max Nettlau, historiador anarquista de origen austríaco (1865-1944). Nacido en Viena, pasó muchos años de su vida en distintos países europeos (Alemania, Suiza, Francia). Realizó importantes estudios biográficos sobre ciertos anarquistas de renombre, como Malatesta, Bakunin, Elisée Reclus y realizó algunas obras de importancia sobre el movimiento anarquista en distintos países. Por estos trabajos, recibió el apodo «el Herodoto de la Anarquía». También divulgó parte importante de la obra de Bakunin, traduciendo algunas de sus obras, preparando ediciones con sus distintos trabajos y publicando cartas de interés. Los autores, citan uno de los trabajos de Bakunin divulgado y contextualizado por obra de Nettlau.

# Sección Organizacional
# (1926)

## LOS PRINCIPIOS DE LA ORGANIZACIÓN ANARQUISTA

Las posiciones generales, constructivas expresadas arriba constituyen la plataforma organizativa de las fuerzas revolucionarias del anarquismo.

Esta plataforma, que contiene una orientación táctica y teórica definida, aparece como lo mínimo a lo cual es necesario y urgente convocar a todos los militantes del movimiento anarquista organizado.

Su tarea es agrupar alrededor de sí a todos los elementos saludables del movimiento anarquista en una organización general, activa, y de agitación en una base permanente: La Unión General de Anarquistas. Las fuerzas de todos los militantes anarquistas deben estar orientadas hacia la creación de esta organización.

Los principios fundamentales de la organización de la Unión General de Anarquistas deben ser como sigue:

### 1- Unidad Teórica
La teoría representa la fuerza que dirige las actividades de las personas y de las organizaciones a lo largo de un sendero definido hacia un determinado fin. Naturalmente, debe ser común a todas las personas y organizaciones adherentes a la Unión General, tanto en lo general como en sus detalles, deben estar en perfecto acuerdo con los principios teóricos profesados por la Unión.

## 2- Unidad Táctica o Método de Acción Colectivo

Del mismo modo, los métodos tácticos empleados por miembros separados y por las organizaciones en la Unión deben ser unitarios, esto es, estar en riguroso acuerdo tanto entre sí y con las teorías y tácticas generales de la Unión. Una línea táctica común en el movimiento es de decisiva importancia para la existencia de la organización y para el movimiento todo: remueve los desastrosos efectos de muchas tácticas en oposición unas con otras, concentra todas las fuerzas del movimiento, les da una dirección común conduciéndoles al objetivo fijado.

## 3- Responsabilidad Colectiva

La práctica de actuar bajo la única responsabilidad individual debe ser decisivamente condenada y rechazada en las filas del movimiento anarquista. Las áreas de la vida revolucionaria, social y política, son, por sobre todo, profundamente colectivas por naturaleza. La actividad social revolucionaria en estas áreas no puede estar basada en la responsabilidad personal de los militantes individuales. El órgano ejecutivo del movimiento anarquista general, la Unión Anarquista, tomando una línea firme en contra de la táctica del individualismo irresponsable, introduce en sus filas el *principio de la responsabilidad colectiva*: La Unión entera será responsable de la actividad política y revolucionaria de cada uno de sus miembros; del mismo modo, cada miembro será responsable de la actividad política y revolucionaria de la Unión como un todo.

## 4- Federalismo

El Anarquismo siempre ha negado la organización centralizada, tanto en el área de la vida social de las masas como en la acción política. El sistema centralizado descansa en la disminución del espíritu crítico, iniciativa e independencia de cada individuo y en la sumisión ciega de las masas al «centro». Las consecuencias naturales e inevitables de este sistema son la esclavitud y la mecanización de la vida social y de la vida de la organización.

En contra del centralismo, el anarquismo ha profesado siempre y defendido el principio del *federalismo*, que reconcilia la independencia e iniciativa de los individuos y la organización con el servicio a la causa común.

En reconciliar la idea de la independencia y del alto grado de derechos de cada individuo con el servicio a las necesidades sociales y a sus requerimientos, el federalismo abre las puertas a cada manifestación saludable de las facultades de todo individuo. Pero con frecuencia el principio federativo se ha deformado en las filas anarquistas: ha sido reiteradamente entendido como el derecho, por sobre todo, a manifestar el «ego» individual, sin la obligación a los deberes de los cuales requiere la organización.

Esta falsa interpretación, desorganizó a nuestro movimiento en el pasado. Es tiempo de ponerle fin en forma irreversible y firme. Federación significa el libre acuerdo de los individuos y organizaciones para trabajar colectivamente hacia un objetivo común.

De cualquier modo, tal acuerdo, así como la unión federativa basada en él, sólo se transformarán en realidad, más que en ficción o ilusión, sólo con la condición sine qua non de que todos los participantes en el acuerdo y en la Unión realicen de lleno los deberes contraídos, y conforme a las decisiones comunes. En un proyecto social, sin importar cuán vasta sea la base federalista en la cual está construida, no puede haber decisiones sin ser ejecutadas. Esto es aún menos admisible en una organización anarquista, la cual exclusivamente toma para sí obligaciones hacia los trabajadores y su Revolución Social. Consecuentemente, el tipo federativo de organización anarquista, a la vez que reconoce el derecho de cada miembro a la independencia, libertad de opinión, libertad individual y a la iniciativa, requiere que cada miembro tome para sí deberes organizacionales fijados, y demanda de la ejecución de las decisiones comunes.

Sólo bajo esta condición es que el principio federativo encuentra vida, la organización anarquista funciona correctamente y se dirige hacia el objetivo definido.

La idea de la Unión General de Anarquistas expone el problema de la coordinación y de la concurrencia de las actividades de todas las fuerzas del movimiento anarquista.

Cada organización adherida a la unión representa una célula vital del organismo común. Toda célula debe tener su secretario, ejecutando y guiando teóricamente el trabajo político y técnico de la organización.

Con vista a la coordinación de las actividades de todas las organizaciones adherentes a la Unión, será creado un órgano especial: el *comité ejecutivo de la Unión*. El comité tendrá a su cargo las siguientes funciones: la ejecución de las decisiones tomadas por la Unión que se les haya confiado; la orientación teórica y organizacional de las actividades de los grupos aislados de forma consistente con las posiciones teóricas y con la línea táctica general de la Unión; la mantención de los lazos de trabajo y organizativos entre las organizaciones en la Unión y las otras organizaciones.

Los derechos, responsabilidades y tareas prácticas del comité ejecutivo, están fijadas por el Congreso de la Unión.

La Unión General de Anarquistas tiene un objetivo concreto y determinado. En nombre del triunfo de la Revolución Social debe, por encima de todo, atraer y absorber los elementos más revolucionarios y fuertemente críticos entre los obreros y los campesinos.

Exaltando la Revolución Social y, consecuentemente, siendo una organización anti-autoritaria que aspira a la abolición de la sociedad de clases, la Unión General de Anarquistas igualmente de dos clases fundamentales de la sociedad: los obreros y los campesinos. Pone igual énfasis en la labor de la emancipación de estas dos clases.

Con respecto a los gremios de trabajadores y a las organizaciones revolucionarias en las ciudades, la Unión General de

Anarquistas debe dedicar todos sus esfuerzos en convertirse en su pionero y en su guía teórica.

Adopta las mismas tareas con respecto a las masas de campesinos explotados. Como base jugando el mismo rol que con las asociaciones obreras revolucionarias, La Unión aspira a concretar una red de organizaciones económicas revolucionarias de los campesinos, y más aún, una unión específica de campesinos, fundada en principios anti-autoritarios.

Nacida del corazón de las masas laboriosas, la Unión General debe tomar parte en todas las manifestaciones de su vida, llevándoles en todas las ocasiones el espíritu de la organización, perseverancia, acción y ofensiva.

Sólo en esta forma puede cumplir con sus tareas, con su misión teórica e histórica en la Revolución Social del Trabajo, y convertirse en la vanguardia organizada de su proceso emancipatorio.

Néstor Makhno, Ida Mett,
Piotr Arshinov, Valevsky, Linsky

Bandera falsamente atribuida a la Makhnovshchina.
Traducción: Muerte a todos los que se oponen a la conquista de la libertad por parte de la gente trabajadora.

# ¡A TODOS LOS JUDÍOS DEL MUNDO!
## (1927)

¡Ciudadanos judíos! En mi primer «Llamamiento a los judíos», publicado en el periódico francés *Le Libertaire*, me dirigía a los judíos en general, en respuesta a lo que afirman burgueses y socialistas junto a «anarquistas» como Yanovsky, que me acusan de pogromista y califican de antisemita al movimiento de liberación de campesinos y trabajadores ucranianos que lideré; para que me detallaran hechos concretos en lugar de imputaciones genéricas: simplemente, que me dijeran dónde y cuándo perpetré, o el movimiento antes mencionado perpetró, actos de ese tipo.

Había esperado a que los judíos en general contestaran a mi «Llamamiento», que apareciera gente ávida por descubrir al mundo civilizado la verdad acerca de estos criminales responsables de las matanzas de judíos en Ucrania o que intentaran basar sus vergonzosos relatos sobre mí y sobre el movimiento makhnovista en hechos probados en los que pudieran comprometerme y que los presentaran ante la opinión pública.

Por el contrario, no he visto que ningún judío haya presentado pruebas. Lo único que ha aparecido hasta el momento en la prensa, reproducido también por ciertos órganos anarquistas judíos, acerca de mí y el movimiento insurgente que lideré, no ha sido otra cosa que el producto de las más vergonzosas mentiras y de la grosería de ciertos maniobreros políticos y sus paniaguados. Además, hay que decir que las unidades revolucionarias combatientes compuestas por trabajadores judíos jugaron un papel de primer orden en el movimiento. La cobardía de los difamadores no me afecta, ya que siempre les he tratado como lo que son. Los ciudadanos judíos pueden estar seguros de ello si observan que no dije ni una sola palabra sobre la farsa salida de la pluma de un tal Joseph Kessel con el título de *Makhno y sus judíos*, una novela escrita sobre la base de la desinformación acerca de mí y del movimiento conectado conmigo organizativa y teóricamente. La sustancia de esta farsa está tomada de un lacayo lameculos de los bolcheviques, un tal Coronel Gerassimenko, recientemente condenado por los tribunales checos por espionaje para una organización militar bolchevique. La novelucha está también basada en artículos escritos por un periodista burgués, un tal Arbatov, que desvergonzadamente me atribuye toda clase de violencias perpetradas contra una compañía de «artistas enanos». Una invención de principio a fin, por supuesto.

En esa novela simplemente compuesta por falsedades, Kessel me describe de un modo tan odioso que, al menos en aquellos pasajes que toma prestados de Gerassimenko y Arbatov, debería haber nombrado sus fuentes. Dado que la falsedad representa el principal papel en esta novela y que las fuentes son inconsistentes, el silencio fue la única respuesta que creí oportuno dar.

Tengo una visión bastante diferente de las calumnias que parten de asociaciones judías, que buscan hacer creer a sus correligionarios, que han examinado cuidadosamente los actos viles y flagrantemente injustos perpetrados contra la población judía de Ucrania y que buscan denunciar a sus autores.

Hace algún tiempo una de estas sociedades, que por cierto tiene su sede en el reino de los bolcheviques, editó un libro, ilustrado con fotografías, sobre las atrocidades cometidas contra la población judía en Ucrania y Bielorrusia, con base en materiales aportados por el «camarada» Ostrovsky, lo cual quiere simple y llanamente decir que en base a lo aportado por los bolcheviques. En este documento «histórico» no se mencionan en ningún lado los pogromos llevados a cabo por el jactancioso Primero de Caballería del Ejército Rojo a su paso por Ucrania en ruta hacia el Cáucaso en mayo de 1920. Por el contrario, dicho documento menciona varios pogromos y los ilustra con fotografías de insurgentes makhnovistas, aunque no está claro qué pintan allí, eso por un lado, y por otro, que de hecho ni siquiera son makhnovistas, como lo testimonia el hecho de que se quiere dar a entender que se muestra a «Makhnovistas en acción» mediante la foto de una bandera negra sobre la que se muestra una cabeza humana: se trata de una fotografía sin conexión con pogromos y, sobre todo, y especialmente, que no muestra a ningún makhnovista.

Un fraude aún más significativo, conmigo y con los makhnovistas como blanco, puede verse en las fotografías de las calles de Alexandrovsk, supuestamente tomadas a continuación de un pogromo organizado por makhnovistas en verano de 1919. Esta burda mentira es imperdonable para la asociación judía responsable de la publicación, ya que todo el mundo en Ucrania sabe que en aquel entonces el ejército insurgente makhnovista se encontraba lejos de esa región: había retrocedido a Ucrania occidental. De hecho, Alexandrovsk estuvo bajo control bolchevique desde febrero hasta junio de 1919 y luego en manos de Denikin hasta otoño.

Con estos documentos, la asociación judía de tendencia bolchevique nos ha injuriado gravemente al movimiento makhnovista y a mí: incapaces de hallar evidencias documentales con las que denostarnos (en beneficio de sus patrocinadores) cargándonos pogromos antisemitas, ha recurrido a descarados engaños que no tienen relación alguna ni conmigo ni con el movimiento insurgente. Su falsedad aparece con aún mayor claridad cuando reproducen una fotografía que titulan «Majnó, un 'pacífico' ciudadano» donde quien aparece retratado es alguien absolutamente desconocido para mí.

Por todas estas razones consideré que era mi deber dirigirme a la comunidad judía internacional para mostrarles la cobardía y la mentira de ciertas asociaciones judías de la órbita bolchevique que nos acusan de pogromos antisemitas a mí y al movimiento insurgente que lideré. La opinión judía internacional debe examinar escrupulosamente en qué se sustentan estas infames imputaciones, porque el esparcir tales infundios no es precisamente la mejor manera de establecer, a los ojos de todos, la verdad sobre lo que soportó la población judía ucraniana, no olvidando el hecho de que estas mentiras sólo sirven para desfigurar por completo la Historia.

Publicado originalmente en *Dielo Trudá*,
nº 23-24, abril-mayo de 1927, pp. 8-10.

# SOBRE LA DEFENSA DE LA REVOLUCIÓN (1927)

En el contexto de la discusión que está teniendo lugar entre nuestros camaradas en muchos países sobre el proyecto de plataforma de la Unión General de Anarquistas, publicado por el grupo de Anarquistas Rusos en el Extranjero, se me está pidiendo por varios lados que dedique un artículo a la cuestión de la defensa de la revolución. Me esforzaré por tratarla con el mayor cuidado, pero antes de hacerlo me siento en el deber de aclarar a los camaradas que esta cuestión no es el punto central del proyecto de plataforma. El punto principal del proyecto es la necesidad de unir nuestras filas comunistas libertarias de la manera más rigurosa. Esta parte debe modificarse y completarse antes de que pueda aplicarse. De lo contrario, si no tenemos cuidado de agrupar nuestras fuerzas, nuestro movimiento estará condenado a caer definitivamente bajo la influencia de los liberales y oportunistas que navegan en nuestro medio, cuando no estará bajo el control de especuladores y otros aventureros políticos, capaces en el mejor de los casos de palabrería interminable, no de luchar sobre el terreno por la realización de nuestros grandes objetivos. Esto supone que atraigamos con nosotros a todos aquellos que instintivamente creen en la justicia de nuestra lucha y aspiran a conquistar mediante la revolución la libertad, la más completa independencia, para construir una nueva vida y una nueva sociedad en la que cada persona pueda por fin afirmar sin trabas su voluntad creadora para el bien común.

En cuanto a la cuestión particular de la defensa de la revolución, me basaré en mi experiencia durante la revolución rusa en Ucrania, en el curso de la lucha desigual pero decisiva librada por el movimiento obrero revolucionario. Esta experiencia me enseña, primero, que la defensa de la revolución está directamente ligada a su ofensiva contra la reacción; segundo, que su crecimiento e intensidad están siempre condicionados por la resistencia de los contrarrevolucionarios; tercero, y como consecuencia de lo anterior, que las acciones revolucionarias dependen estrechamente del contenido político, la organización y los métodos de acción adoptados por los destacamentos revolucionarios armados, que tienen que oponerse en un amplio frente a ejércitos contrarrevolucionarios de tipo convencional.

En su lucha contra sus enemigos, la revolución rusa organizó primero, bajo la dirección de los bolcheviques, destacamentos de Guardias Rojos. Pronto se vio que no podían contener el empuje de las fuerzas contrarias −en este caso los cuerpos expedicionarios alemanes, austriacos y húngaros− por la sencilla razón de que actuaban en su mayoría sin ninguna cohesión operativa. Por eso, en la primavera de 1918, los bolcheviques recurrieron a la organización del Ejército Rojo.

Fue entonces cuando lanzamos la orden de levantar batallones libres de trabajadores ucranianos. Pronto quedó claro que esta organización era impotente para evitar provocaciones internas de todo tipo, porque integraba a todos los voluntarios dispuestos a tomar las armas sin suficiente verificación, tanto política como social. Así, sus unidades armadas fueron entregadas a traición al enemigo, circunstancia que le impidió cumplir su papel histórico contra la contrarrevolución extranjera.

Sin embargo, ante este primer fracaso de los Batallones Libres −que podrían calificarse de unidades de combate para la defensa directa de la revolución− no perdimos la cabeza. La organización se modificó un poco en su forma: los batallones se completaron con destacamentos de partisanos ligeros de tipo mixto, es decir, compuestos por caballería e infantería. Su tarea consistía en actuar en la retaguardia profunda del enemigo. Esta organización demostró su valía en nuestras acciones contra el cuerpo expedicionario austro-alemán y las bandas de su aliado, Hetman Skoropadsky, a finales del verano y otoño de 1918. Nuestro sistema de defensa revolucionario permitió a los trabajadores arrancar la soga que se cernía sobre la revolución ucraniana. Y no sólo la defendieron, sino que la profundizaron todo lo que pudieron.

Nota: los bolcheviques no tenían fuerzas militares en Ucrania en aquel momento; sus primeras unidades de combate llegaron de Rusia mucho más tarde. Ocuparon un frente paralelo al nuestro, tratando ostensiblemente de unirse a los trabajadores ucranianos que se habían organizado autónomamente, sin el control del Estado, pero promoviendo solapadamente su desmantelamiento y disolución en beneficio del Partido. Para lograr su objetivo, los bolcheviques no escatimaron medios, incluido el sabotaje descarado del apoyo que se habían comprometido a proporcionarnos con municiones y proyectiles. Esto en el preciso momento en que desarrollábamos una gran ofensiva en nuestro frente, cuyo éxito dependía sobre todo de la potencia de fuego de nuestra artillería y ametralladoras, mientras sufríamos una gran escasez de municiones.

A medida que la contrarrevolución interna se extendía por todo el país, recibía ayuda de otros Estados, no sólo en armas y municiones, sino también en hombres. A pesar de todo, nuestra organización de defensa de la revolución se desarrolló por su parte y adoptó, según sus necesidades, una nueva forma y medios más adecuados a la lucha.

Es sabido que el frente contrarrevolucionario más peligroso de la época estaba en manos del ejército del general Denikin; sin embargo, el movimiento insurreccional lo resistió durante cinco o seis meses. Muchos de los mejores comandantes denikinianos se rompieron la crisma al enfrentarse a nuestras unidades equipadas únicamente con armas arrebatadas al enemigo. Nuestra organización contribuyó en gran medida a ello: sin invadir la autonomía de las unidades de combate, las reorganizó en regimientos y brigadas, coordinados por un cuartel general operativo común. Su creación, es cierto, no habría sido posible sin la toma de conciencia, entre las masas combatientes revolucionarias que hostigaban al enemigo desde el frente o en su retaguardia, de la necesidad de un mando militar único. Además, todavía bajo la influencia de nuestro grupo comunista libertario campesino de Gouliai-Polié, los obreros se preocuparon de establecer para todos la igualdad de derechos para participar en la nueva edificación social, y esto en todos los dominios, sin olvidar la obligación de defender estas conquistas.

Así, mientras el frente denikiniano amenazaba de muerte a la revolución libertaria, los obreros revolucionarios aprovecharon el apoyo de la población para reagruparse sobre la base de nuestro dispositivo y apoyar al ejército insurreccional con una afluencia regular de refuerzos, relevando a los heridos o desgastados por la lucha. Además, las exigencias prácticas de la lucha condujeron a la creación de un Estado Mayor Operativo en nuestro movimiento, órgano de control común a todas las unidades combatientes.

Desde entonces, me niego a creer que los anarquistas revolucionarios puedan impugnar por principio la necesidad de un Estado Mayor de este tipo para dirigir estratégicamente la lucha armada. Estoy convencido de que cualquier anarquista revolucionario que se encontrara en condiciones idénticas a las que yo viví durante la guerra civil en Ucrania se vería abocado a actuar como nosotros. Si, en el curso de la próxima revolución social, hay militantes que niegan estos principios organizativos, no serán más que palabrería en el seno de nuestro movimiento, o verdaderos estorbos, elementos nocivos que no tardaremos en rechazar.

Al abordar la cuestión de la defensa de la revolución, los anarquistas deben referirse inevitablemente al carácter social del comunismo libertario. Frente a un movimiento revolucionario de masas, debemos reconocer la necesidad de organizarlo y dotarlo de los medios dignos de él, y después comprometernos plenamente con él. De lo contrario, si parecemos soñadores o utópicos, no debemos obstaculizar la lucha de los trabajadores, especialmente de los que siguen a los socialistas estatistas. Sin duda, el anarquismo es y debe seguir siendo un movimiento social revolucionario, por lo que estoy y estaré siempre a favor de un colectivo fuertemente estructurado y de la creación, en el momento de la revolución, de batallones, regimientos, brigadas y divisiones capaces de fusionarse, si fuera necesario, en un ejército común y bajo un mando regional único, asumiendo entonces los estados mayores las tareas de organización y control. Estos tendrán la tarea, según las necesidades y las condiciones de la lucha, de elaborar un plan operativo federativo, coordinando las acciones de los ejércitos regionales, con el fin de llevar a buen término las batallas libradas en todos los frentes contra la contrarrevolución armada.

La defensa de la revolución no es una tarea fácil; puede requerir un considerable esfuerzo organizativo de las masas revolucionarias. Los anarquistas deben saberlo y estar dispuestos a ayudarles en esta tarea.

Publicado en *Dielo Trudá*,
nº 25, junio 1927.

# La Makhnovshchina
# y el antisemitismo
# (1927)

Durante casi siete años, los enemigos del movimiento revolucionario majnovista han soltado tantas mentiras contra él que es sorprendente que esta gente no consiga sonrojarse al menos de vez en cuando.

Es bastante característico que estas desvergonzadas mentiras dirigidas contra mí y los insurgentes majnovistas, de hecho contra nuestro movimiento en su conjunto, unan a personas de campos sociopolíticos muy diferentes: se pueden encontrar periodistas de todo tipo, escritores, eruditos y laicos que siguen sus pasos, merodeadores y especuladores, que no dudan a veces en presentarse como pioneros de las ideas revolucionarias de vanguardia. También había supuestos anarquistas, como Yanovky del Freie arbeiter stimme. Todas estas personas de todo tipo y de todas las tendencias no tienen miedo de utilizar mentiras contra nosotros, sin siquiera conocernos; a veces sin creerlas realmente ellos mismos. Estas mentiras se complementan con insinuaciones, que consisten en gritarnos todo el tiempo y en todas partes, sin tratar de establecer los fundamentos mismos de sus críticas. De hecho, ¿dónde están los hechos plausibles que podrían justificar de alguna manera esta histeria amoral? Todas estas impúdicas mentiras contra nosotros, los majnovistas, llamándonos programadores, sin presentar la menor prueba ni verificar nada, me llevaron, hace poco tiempo, a dirigirme, por medio de la prensa libertaria y rusa, a los judíos de todos los países, para pedirles explicaciones sobre las fuentes de todo este despropósito, para que se aporten hechos precisos de pogromos, alientos o llamamientos a los pogromos cometidos o lanzados por el movimiento revolucionario de los trabajadores ucranianos que guié.

Sólo el conocido club parisino «Faubourg» respondió a mi llamamiento a los judíos de todo el mundo. La dirección de este club anunció a través de la prensa que en la reunión del 23 de junio de 1927 se debatiría la siguiente cuestión: «¿Era el «general» Makhno amigo de los judíos o participó en los asesinatos contra ellos? Se añadió que el camarada francés Lecoin intervendría como defensor de Makhno.

Ni que decir tiene que, en cuanto me enteré de la celebración de esta asamblea del «Faubourg», me dirigí inmediatamente al presidente de este club, Poldès, pidiéndole por carta que se apartara a Lecoin de esta cuestión y que se me diera la posibilidad de intervenir personalmente ante su club. Tras una respuesta positiva, me presenté ante la asamblea de este club el 23 de junio de 1927.

Sin embargo, el particular método de conducción de los debates en este club y el hecho de que la cuestión que me afectaba no se tratara hasta el final de la reunión hizo que no pudiera intervenir hasta muy tarde, alrededor de las once de la noche, y que no pudiera expresarme plenamente. Sólo he podido introducir la cuestión tratando el carácter histórico, las fuentes y las formas del antisemitismo en Ucrania.

Mis enemigos pueden utilizar esta circunstancia, que está fuera de mi control, y especialmente el hecho de que estoy aquí atado de pies y manos. En efecto, según las leyes policiales francesas, tengo prohibido comunicarme con mis compañeros de ideas franceses; por lo tanto, no me es posible organizar una reunión pública para explicarme sobre estas calumnias. Además, algunos han vuelto a mentir descaradamente sobre la celebración de un «juicio» en París. Esta falsa noticia fue retomada por mis enemigos, los hipócritas defensores de los derechos y la independencia del pueblo judío, que tanto ha sufrido en los últimos treinta años en Rusia y Ucrania.

¿Puede la realidad corresponder de alguna manera a estas mentiras? Todos los trabajadores judíos de Ucrania, así como todos los demás trabajadores ucranianos, saben que el movimiento que dirigí durante años fue un auténtico movimiento de trabajadores revolucionarios. El movimiento no pretendía separar la organización práctica de los trabajadores engañados, explotados y oprimidos por motivos raciales. Por el contrario, pretendía unirlos en una omnipotencia revolucionaria, capaz de actuar contra sus opresores, especialmente contra los denikistas, profundamente imbuidos de antisemitismo. El movimiento nunca participó ni alentó los pogromos contra los judíos. Además, hay muchos trabajadores judíos en la vanguardia del movimiento revolucionario ucraniano (majnovista). Por ejemplo, el regimiento de infantería de Gulyai-Polya incluía una compañía compuesta exclusivamente por doscientos trabajadores judíos. También había una batería de cuatro piezas de artillería cuyos sirvientes y unidad de protección, incluido el comandante, eran todos judíos. También había muchos obreros judíos en el movimiento majnovista que, por razones personales, preferían integrarse en las unidades de combate revolucionarias mixtas. Todos eran luchadores libres, comprometidos voluntariamente, que luchaban honestamente por el trabajo común de los trabajadores. Estos combatientes anónimos tenían sus representantes en los órganos de suministro económico de todo el ejército. Todo esto se puede comprobar en la región de Gouliai-Poliy entre los asentamientos y pueblos judíos.

Todos estos trabajadores insurgentes judíos estuvieron bajo mi mando durante un largo período de tiempo, no unos pocos días o meses, sino durante años enteros. Todos ellos son testigos de cómo yo, el Estado Mayor y todo el ejército nos enfrentamos al antisemitismo y a los pogromos que éste inspiraba.

Cualquier intento de pogromos o saqueos fue cortado de raíz. Los culpables de tales actos siempre eran fusilados en el lugar de sus crímenes. Este fue el caso, por ejemplo, en mayo de 1919, cuando los campesinos insurgentes de Novo-Ouspenovka, habiendo abandonado el frente para descansar en la retaguardia, descubrieron dos cadáveres descompuestos cerca de una colonia judía, entonces, habiéndolos confundido con insurgentes asesinados por los miembros de esta colonia judía, la atacaron y mataron a unos treinta de sus habitantes. Ese mismo día, mis colaboradores enviaron una comisión de investigación a la colonia. Descubrió rastros de los autores de la masacre. Inmediatamente envié un destacamento especial a la aldea para detenerlos. Los responsables del ataque al asentamiento judío, es decir, seis personas, incluido el comisario de distrito bolchevique, fueron fusilados el 13 de mayo de 1919.

Lo mismo ocurrió en julio de 1919, cuando me vi atrapado entre Denikin y Trotsky –que profetizó entonces en su partido que era mejor entregar toda Ucrania a Denikin que dar la posibilidad de que se desarrollara la Makhnovstshina– y tuve que pasar a la orilla derecha del Dniéper. Entonces conocí al famoso Grigoriev, un atamán de la región de Kherson. Engañado por los estúpidos rumores que circulaban sobre mí y el movimiento insurreccional, Grigoriev quiso concertar una alianza conmigo y con mi Estado Mayor, con vistas a librar una lucha contra Denikin y los bolcheviques.

Las conversaciones se iniciaron con la condición de que, en el plazo de dos semanas, proporcionara a mi Estado Mayor y al soviet del ejército revolucionario insurreccional de Ucrania (majnovista), documentos que probaran que todos los rumores sobre los pogromos cometidos por él en Elisabethgrad en dos o más ocasiones eran infundados, ya que, por falta de tiempo, no podía comprobar yo mismo su veracidad.

Esta condición hizo reflexionar a Grigoriev y luego, como militar y buen estratega, aceptó. Para demostrarme que no podía ser de ninguna manera un pogromista, recomendó la presencia con él de un representante ucraniano del Partido Socialista Revolucionario. Luego, mientras me acusaba de haber lanzado un «llamamiento» contra él, en nombre de mi Estado Mayor, donde había sido denunciado como enemigo de la revolución, para demostrar su buena fe, Grigoriev me presentó a varios representantes políticos que estaban con él: Nicolas Kopornitsky, del Partido Socialista Revolucionario Ucraniano.

Esto ocurrió en el momento en que me encontraba en las cercanías de Elisabethgrad con mi destacamento principal de combate. Consideré que mi deber como revolucionario era aprovechar esta circunstancia para dilucidar por mí mismo lo que el atamán Grigoriev había cometido cuando había ocupado esta ciudad. Al mismo tiempo, agentes de Denikan interceptados me informaron de que Grigoriev estaba preparando, sin el conocimiento de los obreros de Kherson, la coordinación de sus movimientos con el Estado Mayor de Denikan, con vistas a esta lucha común contra los bolcheviques.

Me enteré por los habitantes de Elisabethgrad y de los pueblos vecinos, así como por los partidarios de las unidades de Grigoriev, que cada vez que había ocupado la ciudad, los judíos habían sido masacrados allí. En su presencia, y bajo mis órdenes, sus seguidores habían asesinado a casi dos mil judíos, la flor de la juventud judía: muchos miembros de las juventudes bolcheviques y socialistas anarquistas. Algunos de ellos incluso habían sido sacados de las cárceles para ser fusilados.

Al enterarme de todo esto, declaré inmediatamente a Grigoriev, el atamán de Kherson –socialista revolucionario entre comillas–, agente de Denikin y pogromista público, responsable directo de los actos de sus seguidores contra los judíos.

En la reunión de Sentovo del 27 de julio, Grigoriev fue presentado como tal y ejecutado en el acto para que todos lo vieran. Esta ejecución y sus motivos se registraron de la siguiente manera: «El pogromista Grigoriev fue ejecutado por los líderes majnovistas: Batko Makhno, Semyon Karetnik y Alexis Chubenko. El movimiento makhnovista asume toda la responsabilidad de este acto ante la historia». Este protocolo fue firmado conjuntamente por los miembros del ejército insurreccional y los representantes del

Partido Socialista Revolucionario, entre ellos Nicolas Kopornitsky (nota: los socialdemócratas Seliansky y Kolioujny habían desaparecido por completo tras la ejecución de Grigoriev).

Así es como me comporté siempre con los que habían cometido pogromos o los estaban preparando. Los saqueadores tampoco se salvaron, ni en el ejército insurgente ni fuera de él. Esto es lo que ocurrió, por ejemplo, cuando en agosto de 1920 dos destacamentos de tendencia chauvinista petrerista, bajo el mando de Levtchenko y Matianycha, al verse rodeados por nuestras unidades, enviaron emisarios para proponernos fusionarse con nuestro ejército. El Estado Mayor y yo los recibimos y aceptamos su incorporación; sin embargo, en cuanto nos dimos cuenta de que los elementos chovinistas de estos destacamentos se dedicaban al pillaje y profesaban el antisemitismo, los fusilamos inmediatamente en el pueblo de Averski, en la provincia de Poltava. Unos días más tarde, su comandante Matianycha también fue abatido por comportamiento provocador en la ciudad de Zinkov (provincia de Poltava). Su destacamento fue desarmado y la mayoría de sus miembros fueron enviados de vuelta a sus hogares.

En diciembre de 1920, el mismo fenómeno se repitió con los soldados del Ejército Rojo, cuando apoyamos con éxito los ataques de la caballería de Boudienny y derrotamos por completo a la XI división de su ejército, cerca de la aldea de Petrovo, en el distrito de Alexandrovsk, y luego a la XIV división de caballería, haciendo prisioneros a todo su mando y personal. Muchos prisioneros de la XI división expresaron el deseo de unirse al ejército insurreccional para luchar contra los comisarios políticos autócratas, como los llamaban. Al pasar por la región de Kherson, el pueblo de Dobrovelitchka, donde más de la mitad de la población era judía, algunos ex soldados de caballería budistas o petliurianos, habiendo oído rumores dentro de sus antiguas unidades sobre la hostilidad de los majnovistas hacia los «yugins», comenzaron a saquear las casas de los judíos de este pueblo. En cuanto los experimentados makhnovistas se percataron de ello, fueron apresados y fusilados en el acto.

Así, la Makhnovstshina, durante toda su existencia, observó una actitud intransigente hacia el antisemitismo y los pogromistas; esto se debía a que era un movimiento genuinamente laborioso y revolucionario en Ucrania.

Publicado en *Dielo Trudá*,
nº 30-31, noviembre-diciembre 1927, pp. 15-18.

Néstor Makhno y sus compañeros. Berdyansk, 1919

# Por el X aniversario del movimiento insurrecional Makhnovista en Ucraina (1928)

Como se sabe, la vergonzosa traición de los dirigentes bolcheviques a las ideas de la Revolución de Octubre hará que todo el Partido Bolchevique y su poder « revolucionario proletario «, establecido sobre el país, firmó una paz infame con los emperadores alemanes, Guillermo II, y el austríaco, Carlos, para desarrollar luego una lucha todavía más infame, dentro del país, primero contra el anarquismo, luego contra los Socialistas Revolucionarios de izquierda y el socialismo en general. En junio de 1918, me reuní con Lenin en el Kremlin, a petición de Sverdlov, entonces presidente del Comité Ejecutivo Pan-Ruso de los Soviets. Haciendo referencia a mi mandato de dirigente del Comité de Defensa de la Revolución en la región de Gulai-Pole, informé a Lenin de la lucha desigual llevada por las fuerza revolucionarias en Ucrania contra los invasores austro-alemanes y sus aliados de la Rada Central Ucraniana; discutió conmigo y, habiendo observado mi afecto campesino fanático a la revolución y a las ideas anarquistas que llevaba en ella, me aseguró que el poder soviético había comenzado una lucha, en los centros urbanos de la revolución, no contra el anarquismo como tal pero si contra los bandidos que apelaban a eso:

Con anarquistas que llevan una acción revolucionaria organizada, como aquellos de quienes usted me habló ahora, nuestro Partido Bolchevique y yo mismo, encontraremos siempre un punto en común para instaurar un frente revolucionario común. Otro asunto ocurre con los social-traidores, esto son verdaderos enemigos de la emancipación auténtica del proletariado y del campesinado pobre; a su respecto, mi actitud quedará siempre intransigente: soy su enemigo...

Es difícil de encontrar en un líder político tanta picardía e hipocresía como aquellas que Lenin manifestó en esta circunstancia. El poder bolchevique ya había organizado en aquella época la represión contra el anarquismo, con la intención bien deliberada de desacreditarle en el país. El bolchevismo de Lenin había puesto una cruz sobre toda organización revolucionaria libre y, solamente el anarquismo era todavía peligroso para él, porque sólo hay un anarquismo, a condición de que aprenda a actuar de manera organizada y estrictamente consecuente entre las grandes masas obreras y campesinas, con el fin de llevarlos a la victoria política y estratégicamente, que pueda sublevar todo lo que es sano y totalmente consagrado a la revolución en el país, y alcanzar por medio de esta lucha la realización práctica en la vida de las ideas de libertad, de igualdad y de trabajo libre.

Anotemos que con respecto a los socialistas, Lenin utilizó un tono tan duro... La ofensiva del poder bolchevique contra el anarquismo y el socialismo hizo en este momento un gran servicio a los contrarrevolucionario extranjeros, cuyas fuerzas armadas penetraron sin problemas en el territorio revolucionario de Ucrania y expulsaron rápidamente todos los destacamentos combatientes revolucionarios dirigidos por anarquistas, socialistas-revolucionarios o incluso por algunos extraños bolcheviques.

Gracias a esta vergonzosa traición de los dirigentes bolcheviques, la contrarrevolución pudo paralizar muy rápidamente todos los enlaces revolucionarios entre las ciudades y los pueblos ucranianos, para luego dedicarse a una represión de masas. Así es como la revolución ucraniana se encontró, de manera completamente inesperada, delante del cadalso de sus verdugos y fue castigada en el primer estadio de su desarrollo.

Fueron días penosos, llenos de horrores sangrientos. Los dirigentes bolcheviques, según los acuerdos con los emperadores centrales, retiraron de Ucrania todos los destacamentos revolucionarios de trabajadores rusos, bien armados y disciplinados, mientras que los trabajadores ucranianos se encontraron mal armados y equipados, y tuvieron que retirarse como sus hermanos de Rusia, impotentes para hacer frente a los enemigos de la revolución. Se toparon, a veces en combates sangrientos, al poder bolchevique que no quiso dejarlos entrar a Rusia con sus armas. Es en estos días, dónde todo pareció perdido, cuando los campesinos revolucionarios, unidos alrededor del grupo comunista-libertario de Gulai-Pole, diseminados en numerosos grupos y destacamentos, también se replegaron con destino a Rusia dónde, les pareció, que la revolución seguía su curso y podía ayudarles a encontrar la fuerza necesaria para enfrentarse de nuevo con los invasores contra-revolucionarios...

Desgraciadamente, ya en este período de la revolución, pudieron observar en los dirigentes bolcheviques un claro desvío desde todo lo que era sano y revolucionario en las masas trabajadoras, sistemáticamente sometido a su denigración en provecho de sus privilegios de partido de la contrarrevolución probada que enmascaraban. En las inmediaciones de la ciudad de Taganrog el poder bolchevique organizó emboscadas a los grupos y destacamentos revolucionarios independientes con el fin de desarmarlos. Esta circunstancia hizo que las fuerzas de la región orgullosa y revolucionaria de Gulai-Pole se dispersasen en pequeños grupos entre los que algunos volvieron clandestinamente, mientras que otros se reunieron también clandestinamente en Taganrog para decidir lo que convenía hacer desde ahora en adelante...

En Taganrog fui el encargado junto con Veretenikov, por el grupo de camaradas que se encontraban allí, de organizar una conferencia. Se hizo. Sus resoluciones fueron breves, pero positivas en el sentido de que ninguno de los participantes decidió replegarse más lejos. A excepción de mí mismo, Veretelnikov y de tres otros camaradas, todos los demás decidieron regresar al frente, y trabajar clandestinamente cerca de los campesinos, todo eso con la prudencia más grande.

Mis cuatro camaradas y yo mismo recibimos de la conferencia la tarea de pasar entre dos y tres meses en Moscú, Petrogrado y Kronstadt, con el fin de familiarizarse con la marcha de la revolución en estos centros revolucionarios, para después regresar a Ucrania en los primeros días de julio, en los lugares donde estuvo decidido organizar batallones libres de defensa de la Revolución, con la clara intención de no sólo combatir si no también de vencer.

Sin mis compañeros, pude volver a tiempo a Ucrania dónde reinaba la política arbitraria política y económica de los austro-alemanes y su vasallo, el Hetman Skoropadsky. A pocos encontré de mis viejos amigos, la inmensa mayoría habían sido matados, o encarcelados antes de sufrir la misma suerte. Profundamente convencido de realizar la tarea que me había sido confiada por la conferencia de Taganrog, me relacioné con los campesinos de la región con el fin de escoger allí a los que estaban dispuestos a unirse a la lucha. Encontré así a numerosos campesinos y campesinas a los que antes había tenido la oportunidad de interesarlos por mis ideas. Con su ayuda, conseguí encontrar a algunos de mis compañeros que habían podido escapar de las detenciones y de los fusilamientos de los austro-alemanes y de los verdugos de la revolución, y que siempre estuvieron decididos a combatirles. Sin esperar a que nuestros otros compañeros volvieran de Rusia, sin dejarnos detener por todos los peligros que representaban nuestras estancias en los pueblos, sometidos sin cesar a incursiones y persecuciones por parte de los ocupantes y de sus aliados, seguidos a veces de detenciones y ejecuciones de nuestros compañeros más activos, conseguimos poner en pie bastante rápidamente una organización destinada a preparar la insurrección revolucionaria de las masas campesinas contra el Hetman y su régimen agrario-feudal, así como contra sus defensores, los ejércitos austro-húngaros-ale-manes. Empleamos entonces el siguiente discurso:

> ¡Campesino, obrero y tú, inteligencia trabajadora! ¡Por el re-nacimiento y el desarrollo de la revolución, como medio más seguro de la lucha contra el Capital y el poder de Estado! ¡Para la creación y el fortalecimiento de una sociedad libre de trabajadores en nuestra vida, nuestro objetivo común! ¡Tú debes organizarte, fundar en tus filas destacamentos y bata-llones revolucionarios combatientes de tipo guerrillero, luego sublevarte, ir al asalto del Hetman y de los emperadores aus-tro-alemanes –los que nos enviaron a sus salvajes ejércitos contrarrevolucionarios–, vencer cueste lo que cueste a estos verdugos de la revolución y de la libertad!

Las masas trabajadoras nos escuchaban y nos comprendían. Desde pueblos y aldeas alejadas, del mismo Gulai-Pole, nos envia-ban sus delegados, se esforzaban por localizar el grupo anarquista, después de llevar a uno de los miembros a su casa para discutir con él y preparar la insurrección. En este momento, unas veces viajaba sólo, y otras con tres o cuatro camaradas; celebraba reunio-nes clandestinas con los campesinos de estos pueblos y comarcas. Después de dos meses de trabajo propagandístico y organizativo, penoso e intransigente, llevado a cabo por los campesinos de la región, nuestro grupo comunista libertario de Gulai-Pole se per-cató de que una muchedumbre de trabajadores estaba dispuesta a seguirlo, entre los que estaban numerosos insurrectos armados y decididos a todo para poner fin a la arbitrariedad económica y política de Hetman y de los terratenientes austro-alemanes.

Me acuerdo de una vez que los delegados de unidades que habíamos organizado, viajaron durante una semana por toda la región para intentar localizarme, ya que fuí el más odiado por la burguesía y el mando austro-alemán. Por mi parte, también, me desplazaba en compañía de dos o tres camaradas de pueblo en pueblo, llevando a cabo mi agitación organizativa. Consiguieron localizarme y me pidieron, en nombre de los que los habían enviado, no retrasar más el estallido general de la insurrección armada contra los enemigos de la revolución. Me declararon: «¡*Néstor Ivanovich, vuelve a Gulai-Pole a llamar a la sublevación a sus habitantes! Si se rebelan, todos los pueblos, distritos y regiones los seguirán. Con tu grupo de compañeros agitadores, por vuestro intenso trabajo, ya habías ascendido, antes del Hetman y de los austro-alemanes, tu ciudad Gulai-Pole a una altura revolucionaria nada común. Tu llamamiento dirigido a Gulai-Pole, hará más para la obra de la insurrección, para la cual nosotros todos nos preparamos, que todas estas semanas que pasas recorriendo los pueblos, corriendo los riesgos más grandes para su vida, a preparar por la agitación verbal esta obra*».

Yo no me dejé embelesar por esta confianza y esta estima hacia nuestro grupo y mi persona. Privado de toda vanidad revolucionaria, yo me esforzaba por inculcar el mismo principio a las masas entre las cuales trabajábamos; se trataba de conservar la lucidez y la comprensión que habíamos conseguido originar para el progreso de la revolución, castigada en ese momento por los verdugos contrarrevolucionarios.

Mi viaje a través de los núcleos revolucionarios de Rusia, las experiencias y las observaciones que había sacado, todo esto me había hecho entender muchas cosas. Es por todas estas razones por las que me había dedicado, en compañía de mis amigos del grupo comunista libertario de Gulai-Pole, a organizar la insurrección campesina contra los enemigos de la revolución y a velar escrupulosamente por que ninguna sobrestimación de nuestro papel nos haga olvidar las tareas verdaderas que nos habíamos dado. También, a todas las demandas urgentes hechas por los campesinos de poner en marcha la insurrección, respondía continuamente, como iniciador y responsable de la insurrección:

¿Por tu parte, acaso todas tus fuerzas están lo suficientemente organizadas con tu grupo? ¿Has comprendido totalmente que la insurrección debe ponerse en marcha por todas partes en el mismo momento, a pesar del alejamiento de los diferentes distritos?

- Si lo comprendiste bien, no es del todo inútil sin embargo reflexionar una vez más sobre la manera más fecunda para empezar nuestra lucha armada. Tanto que estamos lejos de disponer de los mismos medios técnicos que nuestros enemigos, mientras que justamente nuestros primeros golpes dados deban servirnos para conseguir un cierto número de fusiles y de piezas de artillería, o igual una veintena de cartuchos y de granadas por fusiles y cañónes.

- Tal éxito deberá valernos una satisfacción doble, porque obtendremos inmediatamente más determinación, tanto sobre el plano político como organizativo y combatiente. Después de este primer éxito, todos nuestros destacamentos se arrojarán sobre el enemigo por todos lados, creando así la confusión más completa en los Estados Mayores austro-alemanes y del gobierno de Hetman, por lo menos en nuestra región del Bass-Dnieper y en el lago del Donets. Luego, durante el verano, los acontecimientos deberán evolucionar todavía más favorablemente para permitirnos acentuar todavía la ventaja de nuestra lucha...

Fue el lenguaje que nosotros, campesinos anarquistas, con el que hace casi diez años, en un momento extremadamente penoso para la revolución y las ideas de nuestro movimiento, nos dirigimos a las masas trabajadoras. Podemos plantear la cuestión: ¿Por qué hicimos gala de una prudencia tan grande, posiblemente hasta excesiva, a propósito de nuestra influencia sobre las masas, mientras que éstas eran las primeras en apelar a la insurrección contra los opresores? ¿Por qué, todavía podemos preguntarnos, mientras que fuimos naturalmente llevados por el espíritu de rebelión, no nos pusimos simplemente en la cabeza de estas masas, tan convencida por los elementos desencadenados de la tempestad revolucionaria y anarquista, completamente privada de otros pensamientos políticos? Esto podrá parecer extraño, pero nuestra actitud fue únicamente dictada por las condiciones del momento, de aquellas en particular que raramente son reconocidas como determinantes en el movimiento libertario. En efecto, para una vanguardia revolucionaria activa, era un momento de gran tensión, porque exigía una preparación minuciosa de la insurrección campesina. Nuestro grupo comunista libertario campesino de Gulai-Pole constituía esta vanguardia y los acontecimientos le hicieron plantearse la cuestión de saber si debía tomar totalmente entre sus manos la dirección del movimiento de las masas laboriosas en ebullición, o bien debía ceder este papel a uno de los partidos políticos con programa muy preparado y que disponía además del apoyo directo del gobierno «revolucionario» bolchevique de Moscú.

Esta cuestión hizo difícil la posición de nuestro grupo, tanto que en este período de actividad estaba fuera de intención el referirse a fórmulas abstractas del anarquismo que negaba la organización disciplinada de las fuerzas revolucionarias, en el resultado del que los anarquistas habrían debido ser condenados por encontrarse aislados en la acción revolucionaria y apartados por la misma via del papel creativo y fecundo que les era en principio destinado. A pesar de la pasión revolucionaria y nuestra experiencia intacta que nos empujaban a utilizar todos los medios para vencer la contrarrevolución, aspirábamos a actuar como anarquistas convencidos en los bien fundados principios de la doctrina. Sin embargo, éramos conscientes de la desorganización que reinaba en el movimiento anarquista, llevándole un perjuicio considerable y haciendo el juego del bolchevismo y de los Socialistas Revolucionarios de izquierda. También éramos igualmente conscientes de que esta costumbre desorganizacional estaba mucho más anclada en la inmensa mayoría de los anarquistas que los aspectos positivos de la doctrina, y qué en consecuencia, mientras el movimiento anarquista ofreciera esta característica principal no podía ser comprendido ni sostenido por las masas, las cuales no tenían ganas de perecer ciegamente en una lucha vana.

Resolvimos lo mejor posible esta cuestión preparando directamente la insurrección y no inquietándonos de ninguna manera por las críticas eventuales de nuestros compañeros de ideas sobre esta posición vanguardista, poco conforme, a sus ojos, con la enseñanza anarquista. Nos despojamos en los hechos de tal habladuría inconsecuente, tan perjudicial para nuestra causa, y pensamos sólo llevar la lucha hasta la victoria completa.

Sin embargo, ésta exige del anarquismo revolucionario, que querría ocupar conscientemente su sitio y cumplir su tarea activa en las revoluciones contemporáneas, la tensión inmensa de carácter organizativo, tanto en la formación de sus filas como en la definición de su papel dinámico en el momento de los primeros días de la revolución, a menudo abordados a tientas por las masas trabajadoras.

Siendo consciente de la división de las filas anarquistas y de su existencia semilegal en los centros urbanos, allí dónde los bolcheviques se habían ensañado a destruir o a transformarlos en subordinados de su poder, nosotros, campesinos anarquistas, actuamos en los campos para dejar oír allí la voz de nuestro movimiento anarquista, con el fin de levantar el estandarte de la insurrección contra el Hetman y sus defensores austro-alemanes.

Es dentro de este espíritu que nuestro grupo inculcó a los campesinos de la región, sin ceder un solo pulgar sobre los principios anarquistas, el que impulsó la lucha armada y elaboró el programa político del movimiento insurreccional pronto conocido por todas partes bajo el nombre de «unidades revolucionarias de Makhno».

La influencia del grupo y la mía propia fueron tan fuertes y fecundas, que ninguna fuerza política hostil hacia el anarquismo, en particular la de los partidos socialistas, pudo neutralizarlo en el espíritu de las masas insurrectas, las cuales no escucharon sus palabras de orden, ni siquiera los discursos de sus oradores. La palabra del grupo comunista libertario campesino de Gulai-Pole, a propósito de la libertad y a propósito de la independencia de los trabajadores enfrente del capital y de su servidor, el Estado, fueron asimilados por las masas y su sentido fue considerado como el fundamento de la lucha para reemplazar la organización nociva de la sociedad capitalista y burguesa por la organización libre de los trabajadores.

Es en nombre de este objetivo que las masas campesinas crearon una poderosa fuerza armada, la pusieron bajo la dirección de Estado Mayor organizado por el grupo comunista libertario de Gulai-Pole, luego lo sostuvieron estrechamente sin interrupción. Estos lazos económicos y espirituales jamás fueron rotos, la población trabajadora reforzaba sin cesar el movimiento, hasta en los momentos más penosos, abasteciéndolo hasta el fin.

Así es como la región de Gulai-Pole se transformó rápidamente en un país de una especie particular, porque todas las tendencia estatales en su autodirección fueron desterradas. Las hordas salvajes de los austro-alemanes que no habían conocido límite alguno a su arbitrariedad, fueron deshechas y desarmadas, sus armas equiparon en seguida al movimiento.

Estas tropas comenzaron a retirarse rápidamente de la región; en cuanto a los hombres del Hetman Skoropadsky, algunos fueron ahorcados, y otros expulsados. El gobierno bolchevique observó en seguida la existencia de esta región orgullosa así como a los anarquistas que animaban su movimiento insurreccional. Es entonces cuando los periódicos bolcheviques mencionaron sin cesar el nombre del anarquista Makhno en primera plana, contando diariamente la lucha llevada bajo su dirección...

No obstante, el movimiento insurreccional siguió su camino. Después de haber desbaratado a los austro-alemanes y a los hombres del Hetman de toda una serie de distritos de Ucrania, observó los principios de la acción denikista y del Directorio ucraniano —más conocido bajo el nombre de «Petliurovshchina»— contra el cual comprometió todas sus fuerzas, siempre bajo la dirección de los campesinos anarquistas, los hijos más incondicionales de la revolución. Fue edificado un extenso frente contra estos nuevos enemigos y heroicas acciones militares fueron llevados en interés de la revolución y de la nueva sociedad libre de trabajadores.

Es bajo estas condiciones que los campesinos anarquistas organizaron el movimiento insurreccional de los trabajadores ucranianos, lo que se convirtió, más tarde, en el Movimiento Makhnovista. A partir de esta visión de conjunto, aunque incompleta, los que se informaron de fábulas difundidas por los enemigos de la Makhnovshchina, a veces hasta por algunos de sus «amigos», volviendo a afirmar que este movimiento no tuvo ideología, que su inspiración tan doctrinaria como política vino del exterior, podrán concluir que estas afirmaciones son totalmente inexactas.

Los guías del movimiento, así como las masas campesinas trabajadores que lo apoyaron de principio a fin, saben bien que fue organizado por el grupo comunista libertario de Gulai-Pole y que llevó constantemente las esperanzas anarquistas de los que no fueron deformados por verbalismo revolucionario, ni por las tendencias caóticas y el espíritu de irresponsabilidad que estaban tan frecuente en las ciudades. Los inspiradores y organizadores del movimiento insurreccional, tales como los hermanos Karetnik, Alexis Martchenko, Domachenko, mi hermano Savva, Liuty, Zuchenko, Korostelev, Troian, Danilov, Tykhenko, Moshchenko, Chubenko y muchos otros, fueron totalmente anarquistas. Algunos de ellos ya habían militado entre los campesinos durante los años 1906-1907, y eran, de hecho, pioneros del movimiento. Son ellos, así como otros surgidos en el seno del movimiento, quienes han alimentado tanto el plan del movimiento de ideas políticas y de su organización militar y estratégica. Toda ayuda de las organizaciones anarquistas, las más próximas al plan de ideas, fue muy deseada pero, a nuestro gran pesar, jamás fue aportada de manera organizativa. Durante los nueve primeros meses de su actividad militar contra los enemigos de la revolución, el movimiento anarquista no vio aparecer a ninguno de sus amigos naturales, que debían ser los anarquistas de las ciudades. Es sólo más tarde cuando algunos vinieron a colaborar, sobre todo individualmente, en particular los que fueron liberados por manos enemigas del movimiento. Sólo el grupo comunista libertario de Ivanovo-Vosnessensk, encabezados por los camaradas Makeev y A. Cherniakov, vino para reunirse de manera organizada al movimiento makhnovista; le aportó una ayuda necesaria e importante, pero desgraciadamente muy provisional, porque la inmensa mayoría de sus miembros se fueron poco tiempo después.

Durante todos esos años de lucha desigual, penosa y responsable histórica y políticamente, el movimiento makhnovista se alimentó sólo de sus fuerzas internas. Es la razón esencial, profundamente estoy convencido de eso, por la cual pudo quedar un combatiente firme a su puesto revolucionario y, a pesar de los combates incesantes debido a su cerco permanente, nunca siguió otros caminos diferentes al del anarquismo y de la revolución social.

Siendo fieles a sus concepciones anarquistas, impidiendo al Estado y a sus a partidarios meterse en la autodirección de los trabajadores de las ciudades y de los campos, en su obra de edificación de una sociedad libre, el movimiento makhnovista naturalmente no pudo esperar ninguna ayuda por parte de partidos socialistas estatales; en cambio, era lógico esperar esta ayuda por parte de las organizaciones anarquistas de las ciudades, lo que desgraciadamente jamás se produjo. Los hábitos desorganizativos tan arraigados en este momento entre la mayoría de los anarquistas disimularon lo que estaba sucediendo en el campo. En su conjunto, no supieron notar ni sentir en el momento oportuno el estado de ánimo anarquista de los campesinos, ni realizar en consecuencia las organizaciones de los trabajadores urbanos. Habiendo reconocido esta deficiencia, el movimiento makhnovista no felicita esta debilidad de las organizaciones urbanas de los anarquistas. De esta constatación nació la fe en la rectitud de nuestra propia posición en el trabajo revolucionario. Sabíamos cómo mantener la firmeza, que nos permitió luchar tantos años sin más poder que el de nuestras propias fuerzas.

Al asumir la responsabilidad revolucionaria, a la vez dolorosa y trascendental, el movimiento makhnovista no cometió más que un solo error: unirse con el bolchevismo en la lucha conjunta contra Wrangel y la Entente. Durante este acuerdo, aparentemente precioso, práctico y moralmente para el éxito de la revolución, el movimiento makhnovista se equivocó sobre los bolcheviques y no supo abstenerse a tiempo de la traición de este último. Los bolcheviques lo atacaron de manera traicionera, con la ayuda de todos sus «soldadesco», y aunque con mucha dificultad, lo vencieron por un tiempo.

Publicado en *Dielo Trudá*, nº 44-45, enero-febrero 1928, pp. 3-7.

# EL CAMPESINADO Y LOS BOLCHEVIQUES (1928)

Desde los albores de su historia, el campesinado se ha manifestado como una clase: la de los trabajadores de la tierra. Basta echar un vistazo a la historia social de la humanidad para convencerse del inmenso papel que ha asumido el trabajo campesino hasta nuestros días. Sin embargo, esta historia no conoce una época en la que el campesinado fuera una clase homogénea, como los proletarios de las ciudades.

El campesinado sigue dividido en dos grandes grupos. Siempre ha sido una minoría ínfima, pero que goza de privilegios económicos que le han dado una gran fuerza política en la vida cotidiana. El segundo grupo está formado por el resto del campesinado, la inmensa mayoría. Privados de derechos políticos y sin tierras suficientes, siempre han vivido en duras condiciones, muy dependientes del Estado y de los pomechtchik (grandes terratenientes), pero también de la pequeña minoría campesina privilegiada.

En el pasado, la mayor parte del campesinado del Imperio ruso se dividía en varias categorías: campesinos con tierras medias y bajas, campesinos pobres (bedniaki) y jornaleros (batraki).

Aquí describimos el campesinado ucraniano tal como era antes de la revolución de 1917 y tal como es ahora, tras diez años de bolchevismo.

Los campesinos ricos son los que, habiendo recibido su parcela personal o familiar del fondo comunal tras la abolición de la servidumbre y la disolución de la comuna rural, la arriendan o, añadiendo parcelas compradas a otros campesinos, explotan el conjunto empleando jornaleros. Estos campesinos ricos son considerados por el resto del campesinado como un grupo descarriado por la aspiración burguesa a vivir del trabajo ajeno. Se les llama «kulaks» o «burgueses», según el lugar.

Por campesinos medianamente acomodados (séredniaki) entendemos aquellos que, habiendo recibido también su parcela personal o familiar del fondo comunal, la cultivan por sí mismos, sin recurrir al trabajo ajeno, y poseen su propio equipo agrícola, así como los caballos o bueyes necesarios.

Los agricultores poco dotados son los que han recibido su parcela personal o familiar de las tierras comunales, pero no poseen caballos ni bueyes ni equipamiento agrícola. Suelen sembrar y cosechar sus parcelas con la ayuda remunerada de vecinos que poseen carros.

Los agricultores pobres o bedniaki son aquellos que han recibido su parcela del fondo comunal, pero no pueden trabajarla, ni con sus propias herramientas ni con la ayuda de sus vecinos más acomodados, porque no pueden pagarles. O bien nunca han tenido un caballo, o bien su animal ha muerto sin que tuvieran medios para sustituirlo. O la cosecha del año anterior fue demasiado mala para sembrar. Esta circunstancia les lleva o bien a vender su último caballo, o bien a arrendar todo o parte de su lote a un kulak, y a alquilar sus brazos a un pomechtchik o a un kulak por un tiempo determinado como jornaleros (batraki).

Los batraki o jornaleros son campesinos que han recibido su lote de la tierra comunal pero no pueden explotarla y, en consecuencia, la arriendan en su totalidad, por mitades o por tercios a un kulak, y luego se alquilan de año en año, de forma permanente o, como los bedniaki, durante parte del año.

Hay que decir que a veces uno se encuentra con batracios rusos o ucranianos que no explotan ellos mismos su suerte, prefiriendo arrendarse y alquilarse como jornaleros para el resto de sus vidas, pero representan un porcentaje ínfimo del campesinado. Adoptan esta falsa solución, ya sea por necesidad o, sobre todo, por ignorancia, cuando se contentan con seguir el ejemplo de sus antiguos padres esclavizados, y ya ni siquiera piensan en liberarse de la infame condición de jornalero. Están satisfechos con su situación e incluso acostumbran a sus hijos a ella, porque la consideran la más segura en estos tiempos. Esta categoría desempeña un papel insignificante en la lucha de los campesinos por la tierra, el pan y la libertad, aunque a veces tiende a desmentir su psicología servil identificando a los enemigos directos contra los que debe actuar. Sin embargo, permanece neutral la mayor parte del tiempo y espera el resultado de la lucha.

La lucha secular del campesinado se desarrolla así, teniendo en cuenta las categorías mencionadas: campesinos medianos y pequeños, campesinos pobres y jornaleros. Estos trabajadores de la tierra han tomado conciencia de su situación de inferioridad y desigualdad de derechos, resultado del acaparamiento de tierras por los pomechiks y kulaks que los explotan y expolian. Estos campesinos comparten intereses económicos comunes y una mentalidad común, la misma esperanza ancestral de liberarse de la clase burguesa poseedora para convertirse en miembros de pleno derecho de la sociedad libre de los trabajadores. En este camino, siempre han considerado a los trabajadores urbanos como sus aliados. Su actitud cambió cuando se dieron cuenta de que estos aliados estaban siendo influenciados por partidos políticos que intentaban persuadirles de que los campesinos eran burgueses, y cuando se dieron cuenta de que los trabajadores de la ciudad eran receptivos a esta demagogia política.

Es bien sabido que todos los partidos socialistas coinciden en identificar al campesinado con la pequeña burguesía y, sobre esta base, aspiran a proletarizarlo. Nada más erróneo y estúpido que esta tendencia a tratar al campesinado en su conjunto como bedniaki. Sin embargo, estos son los hechos: muchos socialistas estatistas quieren la proletarización de los campesinos, y los bolcheviques intentaron conseguirlo durante la revolución rusa con su comunismo de cuartel. Sabemos que esta política llevó a la revolución a un callejón sin salida, que con ello la ahogaron económicamente y aumentaron el número de jornaleros-batraki. Estos ya existían bajo la autocracia zarista y siguen existiendo bajo la autocracia del Comité Central bolchevique. Más de diez años de dominación política, espiritual, física, etc., con el apoyo celoso de los especialistas, no sólo no suprimieron a los batraki, sino que, al contrario, los resucitaron, mientras que casi habían desaparecido en los primeros meses de la revolución de octubre. Fueron la base de la NEP en el campo. El Estado zarista se mantenía unido gracias a la diferenciación social del campesinado, y la fomentaba. Los bolcheviques hacen lo mismo. Para mantener su poder, necesitan tanto a los kulaks como a los batraki. Por eso se oponen sistemáticamente a las tendencias del campesinado a superar esta diferenciación, a establecer la igualdad de derechos y la independencia de los trabajadores en general, que los nuevos dirigentes no quieren en ningún caso.

Esta política del partido bolchevique, que cubre su poder con la mentira de la dictadura del proletariado, se encuentra en un estado de bancarrota permanente. Se pretendía instaurar el socialismo en el país mediante la dictadura del proletariado sin la participación del campesinado, y ahora que el experimento ha fracasado queda claro que el problema campesino ya no puede tomarse a la ligera, que no puede utilizarse en la fase destructiva de la revolución sin reconocer sus derechos políticos y económicos en la construcción de la nueva sociedad. Nada puede justificar esta negación, ni los objetivos morales y económicos del comunismo, ni la lógica cuartelaria del Partido.

Los bolcheviques no quieren reconocer que el poder estatal y la dictadura en la revolución aniquilan las fuerzas creadoras del campesinado, sin las cuales no es posible ningún camino hacia el socialismo. Los bolcheviques, y todos los revolucionarios en general, deben ser claramente conscientes de ello. El campesinado no aspira a la autoliquidación para satisfacer a los guías del bolchevismo. Al contrario, se está imponiendo con fuerza en la sociedad contemporánea. Esto es bastante significativo. En los países agrarios, pronto se unirá a los demás trabajadores, y en pie de igualdad, precisamente porque no aspira a dominar la ciudad. Aún no se ha contaminado con este veneno. La gran mayoría de ellos han aspirado en el pasado y siguen queriendo ser económica y socialmente libres, independientes de cualquier tutela. Esto explica en parte su hostilidad hacia la ciudad, que la trata como una autoridad. Esto explica también su amor por la tierra, de modo que se convierte en un bien común en el pleno sentido del término. Perteneciente a todos y a nadie, sería la garantía más segura contra los monopolios de una minoría que se apoyara en los funcionarios del Estado.

Esto es lo que los bolcheviques no pueden aceptar, atrapados como están en fórmulas doctrinarias -poco convincentes en nuestro tiempo- sobre la concentración del capital y la tierra. Temen al campesinado porque su triunfo llevaría a la supresión del Estado. Por eso tratan de denunciar al campesinado como poseedor de aspiraciones contrarrevolucionarias, o como inadaptado a las tareas de la revolución y a la misión que se han fijado. Esto es lo que les lleva a no oponerse en su reino a las tendencias antisociales y burguesas del grupo kulak. Sólo para preservar el poder de su partido y su Estado, han seguido en la cuestión campesina un camino contrario a los intereses de la revolución. Confundieron al grupo kulak con muzhiks activos, y desde principios de 1921 fomentaron su crecimiento con todo tipo de ventajas, hasta el punto de concederle primas.

La gran obra de una sociedad libre de trabajadores requiere los esfuerzos conjuntos de las diversas fuerzas sociales e intelectuales del proletariado de las ciudades y del campo, de los obreros de las fábricas y de las plantas, de los campesinos, de los mineros, de los trabajadores del transporte, sin olvidar las fuerzas particularmente cualificadas del trabajo intelectual. La actividad autónoma de los trabajadores excluye el poder de un partido, de una minoría dotada de privilegios y que controla el Estado. Esta evolución de los bolcheviques les ha alejado del comunismo y les ha conducido lógicamente hacia el capitalismo, evolución que, según ellos, es inevitable debido a la presión de las condiciones y circunstancias externas. En consecuencia, persiguieron todas las manifestaciones revolucionarias independientes entre los obreros y campesinos, denunciándolas como contrarrevolucionarias, barriendo así con las ideas que habían propiciado la Revolución de Octubre.

Hay que reconocerlo: los bolcheviques tuvieron mucho éxito en su planteamiento como partido contrarrevolucionario. Se han roto todos los vínculos con las ideas de octubre. Utilizando los métodos y medios estatales de la vieja autocracia, impusieron nuevas relaciones sociales ajenas a la mentalidad revolucionaria, destruyeron todo espíritu de responsabilidad por el destino de la revolución social, en cuyos verdugos se convirtieron. Crearon un antagonismo entre campesinos y obreros. El campesinado revolucionario fue doblegado por el nuevo aparato estatal. Los bolcheviques culpan al campesinado de los lamentables resultados de su política. Es por culpa del campesinado, por las tendencias contrarrevolucionarias que le atribuyen, por lo que ahora se dirigen hacia el capitalismo y por lo que la instauración del socialismo se ha hecho imposible en Rusia. ¡Todo esto es mentira! Si los bolcheviques mataron la revolución rusa es porque aplastaron consciente y metódicamente al campesinado revolucionario que aspiraba a la libertad de clase, a la independencia y a una sociedad antiautoritaria.

Publicado en *Dielo Trudá*,
nº 33-34, febrero-marzo de 1928.

# El Primero de Mayo: Símbolo de una nueva era en la vida y la lucha de los trabajadores
## (1928)

El primer día de mayo se considera dentro del mundo socialista como el Día del Trabajo. Se trata de una definición falsa del primero de mayo que ha penetrado en las vidas de los trabajadores que, efectivamente, en muchos países, celebran juntos. De hecho, el primero de Mayo no es un dia de fiesta para los trabajadores. No, ellos no deben ese día permanecer en sus trabajos. Ese día, los trabajadores de todos los países deben reunirse en cada pueblo, en cada ciudad, para organizar reuniones de masas, no para celebrar este día como diseñaron los socialistas estatistas y sobre todo los bolcheviques, sino para tener en cuenta de sus fuerzas, para determinar la posibilidad de lucha directa contra el orden podrido, cobarde, esclavizador, fundado sobre la violencia y la mentira.

En este día histórico ya establecido, es más fácil para todos los trabajadores unirse y más cómodo para expresar su voluntad colectiva, así como para discutir en común todo lo que concierne a las cuestiones fundamentales del presente y del futuro.

Hace más de cuarenta años, los trabajadores estadounidenses de Chicago y sus alrededores se reunieron en el primero de mayo. Después de escuchar las intervenciones de muchos oradores socialistas, y en particular las de los oradores anarquistas, ellos asimilaron perfectamente las ideas libertarias y su pusieron francamente del lado de los anarquistas.

Los trabajadores estadounidenses, ese día, se organizaron, para expresar su protesta contra la infame orden del Estado y el Capital. Sobre esto intervinieron los libertarios estadounidenses Spiess, Parsons y otros. Fue entonces que la reunión fue interrumpida por las provocaciones de mercenarios del Capital y terminó con la matanza de trabajadores desarmados, seguido de la detención y el asesinato de Spiess, Parsons y otros compañeros.

Los trabajadores de Chicago y sus alrededores no sólo se reunieron para celebrar el primer día de mayo. Ellos se habían reunido para resolver problemas comunes de sus vidas y sus luchas.

En la actualidad también, cuando los trabajadores se liberen de la tutela de la burguesía y de la socialdemocracia vinculada a ella (indistintamente de que sea menchevique o bolchevique) o bien traten de hacerlo, ellos consideraran el primero de mayo como una reunión para ocuparse sus aspiraciones directas y preocuparse de su emancipación. Expresan, a través de estas aspiraciones, su solidaridad y les considera con respecto a la memoria de los mártires de Chicago. Consideran que esto no puede ser para ellos un día de fiesta. Así, el primero de mayo, a pesar de las afirmaciones de los «socialista profesionales» para presentarlo como el Día del Trabajo, no podrá serlo para los trabajadores conscientes.

El primero de mayo, es el símbolo de una nueva era en la vida y la lucha de los trabajadores, una época que se presenta cada año para los trabajadores, las nuevas, y cada vez más difíciles, y decisivas contra la burguesía, por la libertad y la independencia que nos tienen robadas, por su ideal social.

Publicado en *Dielo Trudá*,
Nº 36, 1928, p.2-3.

# Unas palabras sobre la cuestión nacional en Ucrania (1928)

Tras la abolición del despotismo zarista en la revolución de 1917, aparecieron en el horizonte del mundo del trabajo, las perspectivas de unas relaciones nuevas y libres entre los pueblos, hasta entonces sometidos al violento yugo del Estado ruso. La idea de la autodeterminación completa, incluida la separación total del Estado, surgió así de forma natural entre los pueblos. Esto se expresó de forma muy clara en Ucrania, sin encontrar inmediatamente una formulación bien definida. Entre la población ucraniana aparecieron decenas de grupos de todas las tendencias; cada uno de ellos interpretó la idea de la autodeterminación a su manera y según sus intereses partidistas. Las masas trabajadoras de Ucrania en su conjunto no simpatizaban con estos grupos y no se unieron a ellos.

Han pasado más de siete años desde entonces, la actitud de los trabajadores ucranianos hacia la idea de la autodeterminación se ha profundizado y su comprensión ha aumentado. Ahora simpatizan con ella y a menudo lo demuestran en sus vidas. Por ejemplo, exigen el uso de su propia lengua y el derecho a su propia cultura, que antes de la revolución eran considerados parias. También reclaman el derecho a aplicar su propio modo de vida y costumbres específicas en sus vidas.

Con el objetivo de construir un Estado ucraniano independiente, algunos señores estatistas quisieran recuperar para sí todas estas manifestaciones naturales de la realidad ucraniana, contra las que los bolcheviques son impotentes para luchar, a pesar de su omnipotencia.

Sin embargo, estos señores estatistas no consiguen atraer a las grandes masas de trabajadores a su lado, y mucho menos inmovilizarlas en la lucha contra el opresivo partido bolchevique. El sano instinto de los trabajadores ucranianos y su dolorosa condición bajo el yugo bolchevique no les impide olvidar el peligro estatal en general. Por eso se alejan de esta tendencia chovinista y no la mezclan con sus aspiraciones sociales, buscando su propio camino de emancipación.

Hay mucho que pensar para todos los revolucionarios ucranianos y para los comunistas libertarios en particular, si quieren llevar a cabo un trabajo consecuente entre los trabajadores ucranianos.

Sin embargo, este trabajo no puede llevarse a cabo de la misma manera que en los años 1918–1920, porque la realidad del país ha cambiado mucho. En aquel momento, la población trabajadora ucraniana, que había desempeñado un papel tan importante en el aplastamiento de todos los mercenarios de la burguesía -Denikin, Petliura y Wrangel-, nunca podría haber imaginado que se encontraría, al final de la revolución, ignominiosamente engañada y explotada por los bolcheviques.

Era la época en que todo el mundo luchaba contra la restauración del orden zarista. No hubo tiempo suficiente para examinar y verificar a todos los «intrusos» que se unieron a la lucha. La fe en la revolución dominó todas las consideraciones posibles sobre la calidad de estos «intrusos», sobre las preguntas que uno podría hacerse sobre ellos: ¿deben ser considerados amigos o enemigos? En aquella época, los obreros marchaban hacia la contrarrevolución sólo teniendo en cuenta a los que venían a unirse a ellos en el frente para enfrentarse a la revolución sin miedo.

Desde entonces, la psicología de los trabajadores ucranianos ha cambiado mucho; han tenido tiempo de conocer a los «intrusos» de su causa, y ahora tienen en cuenta de forma más crítica lo que han conquistado con la revolución, o al menos lo que ha quedado de ella. A través de estos «intrusos» reconocen a sus enemigos directos, aunque éstos ucranianos agiten la bandera del socialismo, porque de hecho los ven actuar en la dirección de una mayor explotación del trabajo. Son claramente conscientes de que es la casta socialista, explotadores rapaces, la que ha confiscado todas sus conquistas revolucionarias. En resumen, es para ellos algo así como la ocupación alemana camuflada bajo todo tipo de trucos bolcheviques.

Esta ocupación encubierta provoca una clara corriente nacionalista entre las masas, dirigida contra los «intrusos». No en vano los bolcheviques gobiernan Ucrania desde Moscú, escondiéndose detrás de su títere ucraniano: es el odio creciente de las masas ucranianas lo que les incita a proceder así. Son las propias condiciones del despotismo bolchevique las que impulsan a los trabajadores ucranianos a buscar formas de derrocar y avanzar hacia el camino de una sociedad nueva y verdaderamente libre. Sin embargo, los bolcheviques no se durmieron y trataron de adaptarse a la realidad ucraniana a toda costa. En 1923, se encontraron allí como ovejas perdidas; desde entonces han modificado su táctica apresurándose a conocer la realidad ucraniana. Además, se han apresurado a vincular la existencia del bolchevismo con la del nacionalismo y han añadido a la constitución de la URSS» artículos precisos que conceden el derecho de cada pueblo miembro de esta Unión a la plena autodeterminación, incluso hasta la separación de la misma. Todo esto es, por supuesto, hipocresía. ¿Cómo va a cambiar esta actitud bolchevique? Los próximos años nos lo demostrarán. Es con estas nuevas condiciones en mente —el odio de los trabajadores ucranianos hacia los «intrusos» y el bolchevismo nacionalista— que los anarquistas deben abordar la realidad ucraniana. Creemos que su principal tarea ahora es explicar a las masas que todo el mal no proviene de una autoridad «intrusa», sino de toda autoridad en general. La historia de los últimos años les servirá de argumento para su tesis, ya que Ucrania ha visto todo tipo de poderes que, al final, se parecían. Tenemos que demostrar que el poder estatal «intruso» o el poder estatal «independiente», ambos son iguales y los trabajadores no tienen nada que ganar; tienen que centrar toda su atención en otra cosa: la destrucción del aparato estatal y su sustitución por órganos obreros y campesinos de autodirección social y económica.

Sin embargo, al abordar la cuestión nacional, no debemos olvidar las últimas peculiaridades ucranianas. Ahora la gente habla en ucraniano y, debido a la nueva tendencia nacionalista, no escucha bien a los que vienen de fuera y no hablan la lengua del país. Es un aspecto étnico que hay que tener en cuenta al máximo. La razón por la que los anarquistas han tenido hasta ahora poca audiencia entre el campesinado ucraniano es que se agrupaban principalmente en las ciudades y, además, no hablaban la lengua nacional ucraniana.

La vida ucraniana es rica en todo tipo de posibilidades, especialmente para un movimiento revolucionario de masas. Los anarquistas tienen una gran posibilidad de influir en este movimiento, de convertirse incluso en sus inspiradores, sólo si están en sintonía con la diversidad de la realidad y se colocan en una posición de combate individual directo e informado contra las fuerzas hostiles de los trabajadores que se han incrustado en él. Esta tarea sólo puede llevarse a cabo mediante una gran y poderosa organización anarquista ucraniana. Corresponde a los anarquistas ucranianos pensar en esto seriamente y ahora.

Publicado en *Dielo Trudá*,
nº 19, diciembre de 1928, pp.4-7.

# Intercambio de cartas entre Errico Malatesta y Néstor Makhno sobre la Plataforma (1930)

Recientemente me encontré con un panfleto francés (en Italia hoy [1927], como es sabido, la prensa no fascista no puede circular libremente), con el título Plataforma Organizativa de la Unión General de Anarquistas (Proyecto).

Se trata de un proyecto de organización anarquista publicado bajo el nombre de un «Grupo de Anarquistas Rusos en el Extranjero» y parece estar dirigido especialmente a los compañeros rusos. Pero trata de cuestiones de igual interés para todos los anarquistas; y está claro, incluso por el idioma en que está escrito, que busca el apoyo de los compañeros de todo el mundo. En cualquier caso, vale la pena examinar, tanto para los rusos como para todo el mundo, si la propuesta presentada está en consonancia con los principios anarquistas y si su aplicación serviría realmente a la causa del anarquismo.

Las intenciones de los compañeros son excelentes. Lamentan, con razón, que hasta ahora los anarquistas no hayan tenido una influencia en los acontecimientos políticos y sociales en proporción al valor teórico y práctico de sus doctrinas, ni a su número, valor y espíritu de abnegación, y creen que la razón principal de este relativo fracaso es la falta de una organización grande, seria y activa.

Y hasta aquí podría estar más o menos de acuerdo.

La organización, que al fin y al cabo sólo significa cooperación y solidaridad en la práctica, es una condición natural, necesaria para el funcionamiento de la sociedad; y es un hecho inevitable que implica a todos, ya sea en la sociedad humana en general o en cualquier agrupación de personas unidas por un objetivo común.

Como el ser humano no puede vivir aislado, es más, no podría llegar a ser realmente un ser humano y satisfacer sus necesidades morales y materiales si no formara parte de la sociedad y cooperarara con sus semejantes, es inevitable que aquellos que carecen de los medios, o de una conciencia suficientemente desarrollada, para organizarse libremente con aquellos con los que comparten intereses y sentimientos comunes, deban someterse a las organizaciones creadas por otros, que generalmente forman la clase o grupo dirigente y cuyo objetivo es explotar el trabajo de los demás en su propio beneficio. Y la opresión secular de las masas por parte de un pequeño número de privilegiados ha sido siempre el resultado de la incapacidad del mayor número de individuos para ponerse de acuerdo y organizarse con otros trabajadores en la producción y en el disfrute de los derechos y beneficios y para la defensa contra los que pretenden explotarlos y oprimirlos.

El anarquismo surgió como respuesta a este estado de cosas, siendo su principio básico la organización libre, constituida y dirigida según el libre acuerdo de sus miembros sin ningún tipo de autoridad; es decir, sin que nadie tenga derecho a imponer su voluntad a los demás. Y, por lo tanto, es obvio que los anarquistas deben tratar de aplicar a su vida personal y política este mismo principio en el que, según ellos, debe basarse toda la sociedad humana.

A juzgar por ciertas polémicas, parecería que hay anarquistas que desdeñan cualquier forma de organización; pero en realidad las muchas, demasiadas, discusiones sobre este tema, aun cuando estén oscurecidas por cuestiones de lenguaje o envenenadas por cuestiones personales, se refieren a los medios y no al principio mismo de la organización. Así ocurre que cuando los camaradas que suenan más hostiles a la organización quieren hacer algo de verdad, se organizan igual que el resto de nosotros y a menudo con mayor eficacia. El problema, repito, es totalmente de medios.

Por lo tanto, sólo puedo ver con simpatía la iniciativa que han tomado nuestros compañeros rusos, convencido como estoy de que una organización más general, más unida, más duradera que cualquiera de las que han sido creadas hasta ahora por los anarquistas -incluso si no consiguiera eliminar todos los errores y debilidades que son tal vez inevitables en un movimiento como el nuestro- que lucha en medio de la incomprensión, la indiferencia e incluso la hostilidad de la mayoría, sería sin duda un importante elemento de fuerza y éxito, un poderoso medio de ganar apoyo para nuestras ideas.

Creo que es necesario sobre todo y urgente que los anarquistas se pongan de acuerdo y se organicen lo más y mejor posible, para poder influir en la dirección que tome la masa del pueblo en su lucha por el cambio y la emancipación.

Hoy en día la principal fuerza de transformación social es el movimiento obrero (movimiento sindical) y de su dirección dependerá en gran medida el curso que tomen los acontecimientos y los objetivos de la próxima revolución. A través de las organizaciones creadas para la defensa de sus intereses, los trabajadores desarrollan una conciencia de la opresión que sufren y del antagonismo que les separa de la patronal y, en consecuencia, comienzan a aspirar a una vida mejor, se acostumbran a la lucha colectiva y a la solidaridad y consiguen aquellas mejoras que son posibles dentro del régimen capitalista y estatal. Luego, cuando el conflicto va más allá del compromiso, llega la revolución o la reacción.

Los anarquistas deben reconocer la utilidad e importancia del movimiento sindical; deben apoyar su desarrollo y hacer de él una de las palancas de su acción, haciendo todo lo posible para que, cooperando con otras fuerzas de progreso, abra el camino a una revolución social que acabe con el sistema de clases, y a la completa libertad, igualdad, paz y solidaridad para todos.

Pero sería un gran y fatal error creer, como hacen muchos, que el movimiento obrero puede y debe, por su propia voluntad, y por su propia naturaleza, conducir a esa revolución. Por el contrario, todos los movimientos basados en intereses materiales e inmediatos (y un gran movimiento obrero no puede hacer otra cosa) si carecen del estímulo, del empuje, del esfuerzo concertado de la gente de ideas, tienden inevitablemente a adaptarse a las circunstancias, fomentan el espíritu de conservadurismo y el miedo al cambio en aquellos que consiguen obtener mejores condiciones de trabajo y, a menudo, acaban creando nuevas y privilegiadas clases, y sirviendo para mantener y consolidar el sistema que pretendíamos destruir.

De ahí la necesidad imperiosa de organizaciones específicamente anarquistas que, tanto desde dentro como desde fuera de los sindicatos, luchen por la consecución del anarquismo y traten de esterilizar todos los gérmenes de degeneración y reacción.

Pero es obvio que para lograr sus fines, las organizaciones anarquistas deben, en su constitución y funcionamiento, mantenerse en armonía con los principios del anarquismo; es decir, deben saber mezclar la libre acción de los individuos con la necesidad y la alegría de la cooperación, que sirva para desarrollar la conciencia y la iniciativa de sus miembros, un medio de educación para el medio en el que actúan y de preparación moral y material para el futuro que deseamos.

¿Satisface el proyecto que nos ocupa estas exigencias?

Me parece que no. En lugar de despertar en los anarquistas un mayor deseo de organización, parece deliberadamente diseñado para reforzar el prejuicio de aquellos compañeros que creen que organizarse significa someterse a los líderes y pertenecer a un cuerpo autoritario y centralizador que sofoca cualquier intento de libre iniciativa. Y de hecho contiene precisamente esas propuestas que algunos, frente a verdades evidentes y a pesar de nuestras protestas, insisten en atribuir a todos los anarquistas que se califican de organizadores. Examinemos el Proyecto.

En primer lugar, me parece un error –y en todo caso imposible de realizar– creer que todos los anarquistas pueden agruparse en una «Unión General», es decir, en palabras del Proyecto, en un cuerpo revolucionario único y activo.

Todos los anarquistas podemos decir que somos del mismo partido, si por la palabra «partido» entendemos a todos los que están del mismo lado, es decir, que comparten las mismas aspiraciones generales y que, de una manera u otra, luchan por los mismos fines contra adversarios y enemigos comunes. Pero esto no significa que sea posible –ni siquiera deseable– que todos nos reunamos en una asociación concreta. Hay demasiadas diferencias de ambiente y de condiciones de lucha; demasiadas formas de acción posibles entre las que elegir, y también demasiadas diferencias de temperamento e incompatibilidades personales para que una Unión General, si se toma en serio, no se convierta, en lugar de un medio para coordinar y revisar los esfuerzos de todos, en un obstáculo para la actividad individual y quizás también en una causa de luchas internas más amargas.

Como ejemplo, ¿cómo podría organizarse de la misma manera y con el mismo grupo una asociación pública creada para hacer propaganda y agitación, públicamente y una sociedad secreta restringida por las condiciones políticas del país en el que opera para ocultar al enemigo sus planes, métodos y miembros? ¿Cómo podrían los pedagogos, que creen que la propaganda y el ejemplo bastan para la transformación gradual de los individuos y, por tanto, de la sociedad, adoptar la misma táctica que los revolucionarios, convencidos de la necesidad de destruir por la violencia un *statu quo* que se mantiene por la violencia y de crear, frente a la violencia de los opresores, las condiciones necesarias para la libre difusión de la propaganda y la aplicación práctica de los ideales conquistados? ¿Y cómo mantener unidas a unas personas que, por razones particulares, no se llevan bien, ni se respetan, y que nunca podrían ser militantes igualmente buenos y útiles para el anarquismo?

Además, incluso los autores del Proyecto (Plataforma) declaran como «inepta» cualquier idea de crear una organización que reúna a los representantes de las diferentes tendencias del anarquismo. Tal organización, dicen, «incorporando elementos heterogéneos, tanto a nivel teórico como práctico, no sería más que una colección mecánica (ensamblaje) de individuos que conciben todas las cuestiones relativas al movimiento anarquista desde un punto de vista diferente y que inevitablemente se romperían tan pronto como fueran puestos a prueba por los acontecimientos y la vida real».

Eso está bien. Pero entonces, si reconocen la existencia de diferentes tendencias, seguramente tendrán que dejarles el derecho de organizarse a su manera y trabajar por la anarquía de la forma que les parezca mejor. ¿O reclamarán el derecho a expulsar, a excomulgar del anarquismo a todos aquellos que no acepten su programa? Ciertamente dicen que «quieren reunir en una sola organización» todos los elementos sólidos del movimiento libertario; y naturalmente tenderán a juzgar como sólidos sólo a los que piensan como ellos. ¿Pero qué harán con los elementos que no son sólidos?

Por supuesto, entre los que se describen a sí mismos como anarquistas hay, como en cualquier agrupación humana, elementos de diversa valía; y lo que es peor, hay algunos que difunden ideas en nombre del anarquismo que tienen muy poco que ver con el anarquismo. Pero, ¿cómo evitar el problema? La verdad anarquista no puede ni debe convertirse en el monopolio de un individuo o de un comité; ni puede depender de las decisiones de mayorías reales o ficticias. Todo lo que es necesario -y suficiente- es que cada uno tenga y ejerza la más amplia libertad de crítica y que cada uno mantenga sus propias ideas y elija por sí mismo a sus propios camaradas. En última instancia, los hechos decidirán quién tenía razón.

Dejemos, pues, de lado la idea de reunir a todos los anarquistas en una sola organización y veamos esta Unión General que los rusos nos proponen como lo que realmente es, es decir, la Unión de una fracción particular de anarquistas; y veamos si el método organizativo propuesto se ajusta a los métodos y principios anarquistas y si con ello podría contribuir al triunfo del anarquismo.

Una vez más, me parece que no puede.

No dudo de la sinceridad de las propuestas anarquistas de esos compañeros rusos. Quieren instaurar el comunismo anarquista y buscan los medios para hacerlo lo antes posible. Pero no basta con querer algo, también hay que adoptar los medios adecuados; para llegar a un determinado lugar hay que tomar el camino correcto o acabar en otro lugar. Su organización, al ser típicamente autoritaria, lejos de ayudar a la victoria del comunismo anarquista, al que aspiran, sólo podría falsear el espíritu anarquista y llevar a consecuencias que van en contra de sus intenciones.

De hecho, su Unión General parece consistir en tantas organizaciones parciales con secretariados que dirigen ideológicamente el trabajo político y técnico; y para coordinar las actividades de todas las organizaciones miembros hay un Comité Ejecutivo de la Unión cuya tarea es llevar a cabo las decisiones de la Unión y supervisar la «conducta ideológica y organizativa de las organizaciones en conformidad con la ideología y la estrategia general de la Unión».

¿Es esto anarquista? Esto, en mi opinión, es un gobierno y una iglesia. Es cierto que no hay policía ni bayonetas, ni un rebaño de fieles que acepte la ideología dictada; pero esto sólo significa que su gobierno sería un gobierno impotente e imposible y su iglesia un vivero de herejías y cismas. El espíritu, la tendencia sigue siendo autoritaria y el efecto educativo seguiría siendo antianarquista.

Escucha si esto no es cierto.

«El órgano ejecutivo del movimiento libertario general –la Unión anarquista– introducirá en sus filas el principio de la responsabilidad colectiva; toda la Unión será responsable de la actividad revolucionaria y política de cada miembro; y cada miembro será responsable de la actividad revolucionaria y política de la Unión».

Y tras esto, que es la negación absoluta de toda independencia individual y de toda libertad de iniciativa y de acción, los proponentes, recordando que son anarquistas, se llaman federalistas y truenan contra la centralización, «cuyos resultados inevitables», dicen, «son la esclavización y la mecanización de la vida de la sociedad y de los partidos.»

Pero si la Unión es responsable de lo que hace cada miembro, ¿cómo puede dejar a sus miembros individuales y a los distintos grupos la libertad de aplicar el programa común de la manera que mejor les parezca? ¿Cómo puede ser responsable de una acción si no tiene los medios para evitarla? Por lo tanto, el Sindicato, y en su nombre el Comité Ejecutivo, tendría que vigilar la acción de los miembros individuales y ordenarles qué hacer y qué no hacer; y como la desaprobación a posteriori no puede enderezar una responsabilidad previamente aceptada, nadie podría hacer nada en absoluto antes de haber obtenido el visto bueno, el permiso del comité. Y por otro lado, ¿puede un individuo aceptar la responsabilidad de las acciones de una colectividad antes de saber lo que hará y si no puede impedir que haga lo que desaprueba?

Además, los autores del Proyecto dicen que es la «Unión» la que propone y dispone. Pero cuando se refieren a los deseos de la Unión, ¿se refieren también a los deseos de todos los miembros? Si es así, para que la Unión funcione necesitaría que todos tuvieran siempre la misma opinión sobre todas las cuestiones. Así, si es normal que todos estén de acuerdo en los principios generales y fundamentales, porque de lo contrario no estarían ni permanecerían unidos, no se puede suponer que los seres pensantes vayan a tener todos y siempre la misma opinión sobre lo que hay que hacer en las distintas circunstancias y sobre la elección de las personas a las que confiar las responsabilidades ejecutivas y directivas.

En realidad –como se desprende del propio texto del Proyecto– la voluntad de la Unión sólo puede significar la voluntad de la mayoría, expresada a través de los congresos que nombran y controlan al Comité Ejecutivo y deciden sobre todas las cuestiones importantes. Naturalmente, los congresos estarían formados por representantes elegidos por la mayoría de los grupos miembros, y estos representantes decidirían qué hacer, como siempre por mayoría de votos. Así, en el mejor de los casos, las decisiones se tomarían por la mayoría de una mayoría, y ésta podría fácilmente, sobre todo cuando las opiniones opuestas son más de dos, representar sólo una minoría.

Además, hay que señalar que, dadas las condiciones en que viven y luchan los anarquistas, sus congresos son aún menos verdaderamente representativos que los parlamentos burgueses. Y su control sobre los órganos ejecutivos, si éstos tienen poderes autoritarios, es raramente oportuno y eficaz. En la práctica a los congresos anarquistas asiste quien quiere y puede, quien tiene suficiente dinero y a quien no se lo han impedido las medidas policiales. Hay tantos presentes que sólo se representan a sí mismos o a un pequeño número de amigos como los que representan verdaderamente las opiniones y deseos de un gran colectivo. Y si no se toman precauciones contra posibles traidores y espías –de hecho, por la necesidad de esas mismas precauciones– es imposible hacer un control serio de los representantes y del valor de su mandato.

En cualquier caso todo esto se reduce a un sistema mayoritario puro, a un parlamentarismo puro.

Es bien sabido que los anarquistas no aceptan el gobierno de la mayoría (democracia), como tampoco aceptan el gobierno de unos pocos (aristocracia, oligarquía o dictadura de una clase o partido) ni el de un individuo (autocracia, monarquía o dictadura personal).

Miles de veces los anarquistas han criticado el llamado gobierno de la mayoría, que de todos modos en la práctica siempre conduce a la dominación de una pequeña minoría.

¿Es necesario repetir todo esto una vez más para nuestros camaradas rusos?

Ciertamente, los anarquistas reconocen que, cuando la vida se vive en común, a menudo es necesario que la minoría llegue a aceptar la opinión de la mayoría. Cuando es evidente la necesidad o la utilidad de hacer algo y, para hacerlo, se requiere el acuerdo de todos, los pocos deben sentir la necesidad de adaptarse a los deseos de los muchos. Y normalmente, en aras de una convivencia pacífica y en condiciones de igualdad, es necesario que todos estén motivados por un espíritu de concordia, tolerancia y compromiso. Pero esta adaptación, por parte de un grupo, debe ser recíproca, voluntaria y debe surgir de la conciencia de la necesidad y de la buena voluntad para evitar que la marcha de los asuntos sociales se vea paralizada por la obstinación. No puede imponerse como principio y norma legal. Se trata de un ideal que, tal vez, en la vida cotidiana en general, es difícil de alcanzar en su totalidad, pero es un hecho que en toda agrupación humana la anarquía está mucho más cerca, donde el acuerdo entre la mayoría y la minoría es libre y espontáneo y está exento de cualquier imposición que no derive del orden natural de las cosas.

Entonces, si los anarquistas niegan el derecho de la mayoría a gobernar la sociedad humana en general –en la que los individuos se ven, sin embargo, obligados a aceptar ciertas restricciones, ya que no pueden aislarse sin renunciar a las condiciones de la vida humana– y si quieren que todo se haga por el libre acuerdo de todos, ¿cómo es posible que adopten la idea del gobierno por la mayoría en sus asociaciones esencialmente libres y voluntarias y comiencen a declarar que los anarquistas deben someterse a las decisiones de la mayoría antes de haber escuchado siquiera cuáles podrían ser éstas?

Es comprensible que los no anarquistas encuentren la Anarquía, definida como una organización libre sin el gobierno de la mayoría sobre la minoría, o viceversa, una utopía irrealizable, o sólo realizable en un futuro lejano; pero es inconcebible que cualquiera que profese las ideas anarquistas y quiera hacer la Anarquía, o al menos acercarse seriamente a su realización –hoy y no mañana– reniegue de los principios básicos del anarquismo en el mismo acto de proponerse luchar por su victoria.

En mi opinión, una organización anarquista debe fundarse sobre una base muy diferente a la que proponen esos compañeros rusos.

Plena autonomía, plena independencia y, por tanto, plena responsabilidad de los individuos y de los grupos; libre acuerdo entre los que creen útil unirse para cooperar en un objetivo común; deber moral de cumplir los compromisos contraídos y de no hacer nada que contradiga el programa aceptado. Sobre estas bases deben construirse y diseñarse las estructuras prácticas y las herramientas adecuadas para dar vida a la organización. Luego los grupos, las federaciones de grupos, las federaciones de federaciones, las reuniones, los congresos, los comités de correspondencia, etc. Pero todo esto debe hacerse libremente, de manera que no se obstruya el pensamiento y la iniciativa de los individuos, y con el único fin de dar mayor efecto a los esfuerzos que, aislados, serían imposibles o ineficaces. Así, los congresos de una organización anarquista, aunque adolecen, como órganos representativos, de todas las imperfecciones mencionadas, están libres de cualquier tipo de autoritarismo, porque no dictan la ley; no imponen sus propias resoluciones a los demás. Sirven para mantener y acrecentar las relaciones personales entre los compañeros más activos, para coordinar y fomentar los estudios programáticos sobre las formas y los medios de acción, para poner a todos al corriente de la situación de las distintas regiones y de la acción más urgente en cada una de ellas; para formular las distintas opiniones corrientes entre los anarquistas y elaborar a partir de ellas algún tipo de estadística –y sus decisiones no son normas obligatorias, sino sugerencias, recomendaciones, propuestas que se someten a todos los implicados, y no se convierten en obligatorias y ejecutables sino para quienes las aceptan, y mientras las acepten.

Los órganos administrativos que nombran –Comisión de Correspondencia, etc.– no tienen poderes ejecutivos, no tienen poderes directivos, a no ser en nombre de quienes piden y aprueban tales iniciativas, y no tienen autoridad para imponer sus propias opiniones –que ciertamente pueden mantener y propagar como grupos de camaradas, pero no pueden presentar como la opinión oficial de la organización–. Publican las resoluciones de los congresos y las opiniones y propuestas que los grupos y los individuos les comunican; y sirven –para quienes requieran ese servicio– para facilitar las relaciones entre los grupos y la cooperación entre quienes coinciden en las distintas iniciativas. Quien lo desee es libre de mantener correspondencia con quien quiera, o de utilizar los servicios de otras comisiones nombradas por grupos especiales.

En una organización anarquista los miembros individuales pueden expresar cualquier opinión y utilizar cualquier táctica que no esté en contradicción con los principios aceptados y que no perjudique las actividades de los demás. En cualquier caso, una determinada organización dura mientras las razones para la unión sigan siendo mayores que las razones para la disidencia. Cuando dejan de serlo, la organización se disuelve y deja paso a otros grupos más homogéneos.

Evidentemente, la duración, la permanencia de una organización depende del éxito que haya tenido en la larga lucha que debemos librar, y es natural que cualquier institución busque instintivamente durar indefinidamente. Pero la duración de una organización libertaria debe ser consecuencia de la afinidad espiritual de sus miembros y de la adaptabilidad de su constitución a los continuos cambios de las circunstancias. Cuando ya no es capaz de cumplir una tarea útil, es mejor que muera.

Esos camaradas rusos encontrarán quizás que una organización como la que propongo y similar a las que han existido, más o menos satisfactoriamente en diversas épocas, no es muy eficiente.

Lo entiendo. Esos camaradas están obsesionados con el éxito de los bolcheviques en su país y, al igual que éstos, querrían reunir a los anarquistas en una especie de ejército disciplinado que, bajo la dirección ideológica y práctica de unos pocos dirigentes, marchara sólidamente al ataque de los regímenes existentes, y después de haber obtenido una victoria material dirigiera la constitución de una nueva sociedad. Y tal vez sea cierto que bajo un sistema así, si fuera posible que los anarquistas se implicaran en él, y si los dirigentes fueran hombres de imaginación, nuestra eficacia material sería mayor. ¿Pero con qué resultados? ¿No le ocurriría al anarquismo lo que le ocurrió al socialismo y al comunismo en Rusia?

Esos camaradas están ansiosos por el éxito como nosotros también. Pero para vivir y triunfar no tenemos que repudiar las razones para vivir y alterar el carácter de la victoria que viene.

Queremos luchar y vencer, pero como anarquistas: por la Anarquía.

Malatesta
Publicado en *Il Risveglio* (Ginebra),
Octubre de 1927.

De Izquierda a derecha: Senya Fleshin, Mollie Steimer, Makhno, detrás Siemien Volkovsk, Petr Archinov y desconocido.

# Sobre la plataforma respuesta a «Un plan de organización anarquista» (1929)[10]

Estimado compañero Malatesta,

He leído su respuesta al proyecto de «Plataforma Organizativa para una Unión General de Anarquistas», proyecto publicado por el Grupo de Anarquistas Rusos en el Extranjero.

Mi impresión es que, o bien usted ha malentendido el proyecto de «Plataforma», o su rechazo a reconocer la responsabilidad colectiva en la acción revolucionaria y la función directiva que las fuerzas anarquistas deben tomar, emana de una profunda convicción sobre el anarquismo que le lleva a despreciar aquel principio de responsabilidad.

Sin embargo, se trata de un principio fundamental, que nos guía a cada uno de nosotros en nuestra forma de entender la idea anarquista, en nuestra determinación de que ésta penetre las masas, en su espíritu de sacrificio. Es gracias a éste que un hombre puede elegir la vía revolucionaria y atraer a otros a ella. Sin éste, ningún revolucionario podría tener la necesaria fuerza, voluntad o inteligencia para soportar el espectáculo de la miseria social, ni menos, para luchar contra ella. Es gracias a que se han inspirado en la responsabilidad colectiva, que los revolucionarios de todas las épocas y escuelas han unido sus fuerzas; es sobre ella que han basado sus esperanzas en que las revueltas parciales –revueltas de

---

10    N. Ed Respuesta de Néstor Makhno a la crítica que realiza Errico Malatesta al plataformismo en «Un plan de organización anarquista».

las cuales la historia de los oprimidos está llena– no han sido en vano, que los explotados entenderán sus aspiraciones, extraerán de ellas experiencias aplicables a sus tiempos y las utilizarán para encontrar nuevos caminos hacia la emancipación.

Usted mismo, mi querido Malatesta, reconoce la responsabilidad individual del revolucionario anarquista. Y lo que es más, la ha recomendado a lo largo de su vida como militante. Al menos, así es como yo he entendido sus escritos sobre anarquismo. Pero usted niega la necesidad y utilidad de la responsabilidad colectiva, cuando se trata de las tendencias y las acciones del movimiento anarquista como un todo. La responsabilidad colectiva le asusta, ya que usted la rechaza.

Para mí, que he adquirido el hábito de encarar plenamente las realidades de nuestro movimiento, su negación de la responsabilidad colectiva me parece no sólo carente de fundamentos, sino que peligrosa para la revolución social. Se debe tomar bien en cuenta la experiencia para librar la batalla decisiva en contra de todos nuestros enemigos juntos. Ahora bien, la experiencia de las batallas revolucionarias del pasado me lleva a creer, excluyendo toda imitación, que sin importar cuál sea el orden de los eventos revolucionarios, es necesario darles una dirección seria, tanto ideológica como tácticamente. Esto significa que sólo un espíritu colectivo, sensato y dedicado al anarquismo, podrá expresar los requerimientos del momento, mediante una voluntad colectivamente responsable. Ninguno de nosotros tiene el derecho a evitar ese elemento de responsabilidad. Por el contrario, si hasta ahora ha sido ignorado en las filas de los anarquistas, es necesario que ahora sea, para nosotros, comunistas anárquicos, un artículo en nuestro programa teórico y práctico.

Sólo el espíritu colectivo de sus militantes y su responsabilidad colectiva permitirán al anarquismo moderno eliminar de sus círculos la idea, históricamente falsa, según la cual no es necesario que el anarquismo sirva de guía –ni ideológica ni práctica– para la masa de trabajadores en el momento revolucionario, y consecuentemente, no puede tener una responsabilidad como grupo.

No comentaré ahora otras partes de su artículo en contra del proyecto de «Plataforma», tal como aquella en que usted ve «una iglesia y una autoridad sin policía». Sólo expresaré mi sorpresa de verle recurrir a semejantes argumentos en el curso de su crítica. Le he dado bastantes vueltas al asunto y no puedo aceptar su opinión más que sus razones.

No, usted no está en lo correcto. Y porque estoy en desacuerdo con su refutación, que usa argumentos demasiado superficiales, creo estar facultado para preguntarle:

1. ¿Debe el anarquismo tener alguna responsabilidad en la lucha de los trabajadores en contra de sus opresores, del capitalismo, y de sus sirvientes del Estado? Si no debería, exponga las razones. Si lo acepta, entonces, ¿debieran los anarquistas trabajar para permitir a su movimiento ejercer su influencia sobre las mismas bases del orden social existente?

2. ¿Puede el anarquismo, en el estado de desorganización en que se halla por el momento, ejercer alguna influencia ideológica y práctica sobre los sucesos sociales y la lucha de la clase obrera?

3. ¿Cuáles son los medios por los cuales el anarquismo debe servir fuera de la revolución y cuáles son los medios de los que dispone para probar y afirmar sus conceptos constructivos?

4. ¿Necesita el anarquismo de sus propias organizaciones permanentes, específicas, íntimamente ligadas entre sí por la unidad de propósito y de acción, para alcanzar sus aspiraciones?

5. ¿Qué deben entender los anarquistas como *las instituciones a establecerse* con vista a garantizar el libre desarrollo de la sociedad?

6. ¿Puede el anarquismo realizarse sin instituciones sociales, en la sociedad comunista que usted concibe? En el caso de un si, ¿por qué medios? En el caso de un no, ¿cuáles instituciones debería reconocer y utilizar, y en el nombre de qué debería hacerlo? ¿Deberían los anarquistas asumir una función directiva, y consecuentemente responsable, o deberían limitarse a ser auxiliares irresponsables?

Su respuesta, querido Malatesta, son de gran importancia, por dos razones. Me permitiría, primero, entender mejor su punto de vista en cuanto a la cuestión de la organización de las fuerzas anarquistas y del movimiento en general. Y, hablemos francamente, su opinión es inmediatamente aceptada por la mayoría de los anarquistas y simpatizantes sin mayor discusión, porque es la opinión de un militante valioso, que ha permanecido toda su vida fiel a su posición libertaria. Entonces, depende, en cierta medida, de su actitud, si se lleva o no adelante un estudio completo de las cuestiones urgentes que nuestros tiempos plantean al movimiento, y consecuentemente, de si su desarrollo se retarda o da un salto adelante. Con permanecer en el estancamiento del pasado y del presente, nuestro movimiento no ganará nada. Al contrario, es urgente que, en vista a los eventos, le demos capacidad para cumplir a cabalidad su rol.

Considero su respuesta de gran importancia.

Saludos revolucionarios

*Néstor Makhno*

Escrita en 1928.
Publicada en *Il Risveglio*
Ginebra, 4 de diciembre de 1929.

# En respuesta a
## Sobre la Plataforma
# (1929)

Querido camarada

Por fin he visto la carta que me enviaste hace más de un año, sobre mi crítica al Proyecto de organización de una Unión General de anarquistas, publicado por un grupo de anarquistas rusos en el extranjero y conocido en nuestro movimiento con el nombre de «Plataforma».

Conociendo mi situación como la conoces, seguramente habrás entendido por qué no respondí.

No puedo participar como quisiera en la discusión de las cuestiones que más nos interesan, porque la censura me impide recibir tanto las publicaciones consideradas subversivas como las cartas que tratan de temas políticos y sociales, y sólo después de largos intervalos y por afortunada casualidad escucho el eco agonizante de lo que dicen y hacen los compañeros. Así, sabía que la «Plataforma» y mi crítica a ella habían sido ampliamente discutidas, pero sabía poco o nada de lo que se había dicho; y tu carta es el primer documento escrito sobre el tema que he logrado ver.

Si pudiéramos mantener una correspondencia libre, le pediría, antes de entrar en la discusión, que me aclarara sus puntos de vista que, quizás debido a una traducción imperfecta del ruso al francés, me parecen en parte algo oscuros. Pero siendo las cosas como son, responderé a lo que he entendido, y espero poder ver entonces su respuesta.

Usted se sorprende de que no acepte el principio de la responsabilidad colectiva, que usted considera un principio fundamental que guía y debe guiar a los revolucionarios del pasado, del presente y del futuro.

Por mi parte, me pregunto qué puede significar esa noción de responsabilidad colectiva en boca de un anarquista.

Sé que los militares tienen la costumbre de diezmar cuerpos de soldados rebeldes o que se han comportado mal frente al enemigo disparándoles indiscriminadamente. Sé que los jefes del ejército no tienen escrúpulos para destruir pueblos o ciudades y masacrar a toda una población, incluidos niños, porque alguien intentó oponer resistencia a la invasión. Sé que a lo largo de los tiempos los gobiernos han amenazado y aplicado de diversas maneras el sistema de responsabilidad colectiva para frenar a los rebeldes, exigir impuestos, etc. Y comprendo que esto puede ser un medio eficaz de intimidación y opresión.

Pero, ¿cómo pueden hablar de responsabilidad colectiva quienes luchan por la libertad y la justicia, cuando sólo pueden preocuparse por la responsabilidad moral, independientemente de que se produzcan o no sanciones materiales?

Si, por ejemplo, en un conflicto con una fuerza armada enemiga el hombre que está a mi lado actúa como un cobarde, puede hacerme daño a mí y a todos, pero la vergüenza sólo puede ser suya por no haber tenido el valor de sostener el papel que asumió. Si en una conspiración un co-conspirador traiciona y envía a sus compañeros a la cárcel, ¿son los traicionados los responsables de la traición?

La «Plataforma» decía: «Toda la Unión es responsable de la actividad revolucionaria y política de cada miembro y cada miembro será responsable de la actividad revolucionaria y política de la Unión».

¿Se puede conciliar esto con los principios de autonomía y libre iniciativa que profesan los anarquistas? Respondí entonces: «Si la Unión es responsable de lo que hace cada miembro, ¿cómo puede dejar a sus miembros individuales y a los distintos grupos la libertad de aplicar el programa común de la forma que consideren oportuna? ¿Cómo puede ser responsable de una acción si no tiene los medios para impedirla? Así, la Unión, y a través de ella el Comité Ejecutivo, tendría que controlar la acción de los miembros individuales y ordenarles qué hacer y qué no hacer; y como la desaprobación a posteriori no puede enderezar una responsabilidad previamente aceptada, nadie podría hacer nada antes de haber obtenido el visto bueno, el permiso del comité. Y entonces, ¿puede un individuo aceptar la responsabilidad de la acción de una colectividad antes de saber lo que ésta hará y si no puede impedir que haga lo que desaprueba?».

Ciertamente, acepto y apoyo la opinión de que cualquiera que se asocie y coopere con otros para un fin común debe sentir la necesidad de coordinar sus acciones con las de sus compañeros y no hacer nada que perjudique el trabajo de los demás y, por lo tanto, la causa común; y respetar los acuerdos que se hayan tomado —salvo que se desee sinceramente abandonar la asociación cuando las diferencias de opinión que surjan, el cambio de circunstancias o el conflicto sobre los métodos preferidos hagan imposible o inapropiada la cooperación—. Al igual que sostengo que quienes no sientan y no practiquen ese deber deben ser expulsados de la asociación.

Tal vez, al hablar de responsabilidad colectiva, te refieras precisamente a ese acuerdo y solidaridad que debe existir entre los miembros de una asociación. Y si es así, tu expresión equivale, en mi opinión, a un uso incorrecto del lenguaje, pero en el fondo sólo sería una cuestión de redacción sin importancia y pronto se llegaría a un acuerdo.

La cuestión realmente importante que planteas en tu carta se refiere a la función (el papel) de los anarquistas en el movimiento social y a la forma en que pretenden llevarla a cabo. Se trata de una cuestión de fondo, de la razón de ser del anarquismo y hay que tener muy claro lo que se quiere decir.

Preguntas si los anarquistas deben (en el movimiento revolucionario y en la organización comunista de la sociedad) asumir un papel directivo y por tanto responsable, o limitarse a ser auxiliares irresponsables.

Tu pregunta me deja perplejo, porque carece de precisión. Es posible dirigir mediante el consejo y el ejemplo, dejando que el pueblo –dotado de las oportunidades y los medios para suplir sus propias necesidades por sí mismo– adopte nuestros métodos y soluciones si éstos son, o parecen ser, mejores que los sugeridos y llevados a cabo por otros. Pero también es posible dirigir asumiendo el mando, es decir, convirtiéndose en gobierno e imponiendo las propias ideas e intereses mediante métodos policiales.

¿De qué manera querría usted dirigir?

Somos anarquistas porque creemos que el gobierno (cualquier gobierno) es un mal, y que no es posible conseguir libertad, solidaridad y justicia sin libertad. Por lo tanto, no podemos aspirar al gobierno y debemos hacer todo lo posible para evitar que otros –clases, partidos o individuos– tomen el poder y se conviertan en gobiernos.

La responsabilidad de los dirigentes, noción con la que me parece que usted quiere garantizar que los ciudadanos estén protegidos de sus abusos y errores, no significa nada para mí. Los gobernantes no son verdaderamente responsables sino cuando se enfrentan a una revolución, y la revolución no se puede hacer todos los días, y generalmente sólo se hace cuando el gobierno ya ha hecho todo el mal que puede.

Comprenderéis que estoy lejos de pensar que los anarquistas deban contentarse con ser simples auxiliares de otros revolucionarios que, no siendo anarquistas, aspiran naturalmente a convertirse en gobierno.

Por el contrario, creo que nosotros, los anarquistas, convencidos de la validez de nuestro programa, debemos esforzarnos por adquirir una influencia abrumadora para arrastrar al movimiento hacia la realización de nuestros ideales. Pero esa influencia debe ganarse haciendo más y mejor que los demás, y sólo será útil si se gana de esa manera.

Hoy debemos profundizar, desarrollar y propagar nuestras ideas y coordinar nuestras fuerzas en una acción común. Debemos actuar en el seno del movimiento obrero para evitar que se limite y se corrompa por la búsqueda exclusiva de pequeñas mejoras compatibles con el sistema capitalista; y debemos actuar de manera que contribuya a preparar una transformación social completa. Debemos trabajar con las masas no organizadas, y tal vez no organizables, para despertar el espíritu de rebelión y el deseo y la esperanza de una vida libre y feliz. Debemos iniciar y apoyar todos los movimientos que tiendan a debilitar las fuerzas del Estado y del capitalismo y a elevar el nivel mental y las condiciones materiales de los trabajadores. Debemos, en definitiva, preparar y prepararnos, moral y materialmente, para el acto revolucionario que abrirá el camino al futuro.

Y luego, en la revolución, debemos tomar parte enérgica (si es posible antes y más eficazmente que los demás) en la lucha material esencial e impulsarla hasta el límite para destruir todas las fuerzas represivas del Estado. Debemos animar a los trabajadores a tomar posesión de los medios de producción (tierras, minas, fábricas y talleres, medios de transporte, etc.) y de las existencias de productos manufacturados; a organizar inmediatamente, por su cuenta, una distribución equitativa de los bienes de consumo, y a suministrar al mismo tiempo productos para el comercio entre comunas y regiones, y para la continuación e intensificación de la producción y de todos los servicios útiles al público. Debemos, de todas las maneras posibles y según las circunstancias y oportunidades locales, promover la acción de las asociaciones de trabajadores, de las cooperativas, de los grupos de voluntarios, para impedir la aparición de nuevos poderes autoritarios, de nuevos gobiernos, oponiéndonos a ellos con la violencia si es necesario, pero sobre todo haciéndolos inútiles. Y allí donde no encontremos un consenso suficiente en el pueblo y no podamos impedir el restablecimiento del Estado con sus instituciones autoritarias y sus órganos coercitivos, debemos negarnos a participar o a reconocerlo, rebelándonos contra sus imposiciones y exigiendo plena autonomía para nosotros y para todas las minorías disidentes. En otras palabras, debemos permanecer en un estado de rebelión real o potencial y, sin poder vencer en el presente, debemos al menos prepararnos para el futuro.

¿Es esto lo que usted también entiende por el papel que deben tomar los anarquistas en la preparación y realización de la revolución?

Por lo que conozco de ti y de tu trabajo me inclino a creer que sí.

Pero, cuando veo que en la Unión que apoyas hay un Comité Ejecutivo para dar la dirección ideológica y organizativa a la asociación, me asalta la duda de que también te gustaría ver, dentro del movimiento general, un organismo central que, de forma autoritaria, dictara el programa teórico y práctico de la revolución.

Si esto es así, estamos en polos opuestos.

Su organización, o sus órganos de dirección, pueden estar compuestos por anarquistas, pero no se convertirían en otra cosa que en un gobierno. Creyendo, con toda la buena fe, que son necesarios para el triunfo de la revolución, se asegurarían, prioritariamente, de estar lo suficientemente bien situados y fuertes para imponer su voluntad. Por lo tanto, crearían cuerpos armados para la defensa material y una burocracia para llevar a cabo sus órdenes y, en el proceso, paralizarían el movimiento popular y matarían la revolución.

Eso es lo que, en mi opinión, ha ocurrido con los bolcheviques.

Ahí está. Creo que lo importante no es la victoria de nuestros planes, de nuestros proyectos, de nuestras utopías, que en todo caso necesitan la confirmación de la experiencia y pueden ser modificadas por la experiencia, desarrolladas y adaptadas a las condiciones morales y materiales reales de la época y del lugar. Lo que más importa es que el pueblo, los hombres y las mujeres, pierdan los instintos y los hábitos borreguiles que miles de años de esclavitud les han inculcado, y aprendan a pensar y a actuar libremente. Y es a esta gran obra de liberación moral a la que deben dedicarse especialmente los anarquistas.

Le agradezco la atención que ha prestado a mi carta y, esperando tener más noticias suyas, le envío un cordial saludo.

Malatesta
Publocado en *Risveglio* (Ginebra),
diciembre de 1929.

# CARTA A LOS ANARQUISTAS ESPAÑOLES (1931)

Queridos compañeros Carbó y Pestaña:

Trasmitid a nuestros amigos y compañeros españoles y, a través de ellos, a todos los trabajadores, mis ánimos para que no desfallezcan en el proceso revolucionario iniciado, así como para que se apresuren a unirse en torno a un programa práctico, trazado en un sentido libertario. Se debe evitar a toda costa la ralentización de la acción revolucionaria de las masas. Por el contrario, debemos esforzarnos por ayudarlas a presionar (mediante la fuerza si fuera preciso) al actual gobierno republicano, que está obstaculizando y desviando la revolución con sus absurdos decretos, para que desista de tales esfuerzos dañinos.

El proletariado español (obreros, campesinos y trabajadores intelectuales) debe unirse y desplegar la mayor energía revolucionaria para dar lugar a una situación en la que la burguesía no tenga oportunidad para oponerse a la conquista de la tierra, las fábricas y de las libertades completas; situación que cada vez sería más amplia e irreversible. Es crucial aplicar todas las energías para garantizar que los trabajadores españoles entiendan y tengan en cuenta que si permanecieran inactivos y limitándose únicamente a aprobar resoluciones sin ningún buen resultado, estarían haciéndole el juego a los enemigos de la revolución, dejándoles ir a la ofensiva, dándoles tiempo y, como corolario, dejándoles sofocar la revolución en marcha.

A tal fin, se hace necesaria la agrupación de las fuerzas anarquistas, especialmente con la fundación de un gran Sindicato del Campo que debería federarse en la Confederación Nacional del Trabajo y dentro del cual los anarquistas deberían trabajar denodadamente. Es también de vital importancia que ayuden a los trabajadores a instaurar, en su momento, órganos de autogestión económica y social, así como fuerzas armadas para la defensa de las conquistas sociales revolucionarias que inevitablemente serán impuestas una vez que se hayan hecho con el control de la situación y roto con las cadenas de su esclavitud. Sólo de este modo y mediante tales métodos de acción social las masas revolucionarias serán capaces de golpear mientras el hierro está caliente contra todo intento de un nuevo sistema de explotación por descarrilar la revolución en curso.

A mi parecer, la federación anarquista[11] y la Confederación Nacional del Trabajo deben considerar esta cuestión seriamente. A tal fin, deben formar grupos de acción en cada localidad. Del mismo modo, no deben temer a asumir en sus manos la dirección estratégica, organizativa y teórica del movimiento popular. Obviamente deben evitar unirse con los partidos políticos en general y con los bolcheviques en particular, ya que imagino que los bolcheviques españoles serán buenos imitadores de sus colegas rusos. Seguirán los pasos del jesuita Lenin o incluso los de Stalin, no dudando en establecer su monopolio sobre todos los resortes de la revolución, de cara a establecer el poder de su partido sobre el territorio, los efectos de lo cual nos son familiares por el vergonzoso ejemplo de Rusia: el silenciamiento de todas las tendencias revolucionarias y el fin de la independencia de las organizaciones de los trabajadores. Ya que se ven a ellos mismos como dueños absolutos del poder y en posición de controlar todas las libertades y derechos de la revolución. De modo que inevitablemente traicionarán tanto a sus aliados como a la propia causa revolucionaria.

La causa de la revolución española es la causa de todos los trabajadores del mundo y en esta tarea es imposible trabajar conjuntamente con el partido que, en nombre de su dictadura, no tendría

---

11 NdT: Se refiere a la Federación Anarquista Ibérica (FAI). Traducido por Jordi Rey y corregido por MG, con referencia a la versión revisada.

ningún reparo en burlar al pueblo y concentrar en sus manos todos los resortes revolucionarios, para emerger como los peores déspotas y enemigos de la libertad y las conquistas del pueblo.

Que la experiencia de Rusia sea un aviso para vosotros. ¡Ojalá que la desgracia del bolchevismo ruso nunca arraigue en el suelo revolucionario de España!

¡Larga vida a la unión de los obreros, campesinos y trabajadores intelectuales de toda España!

¡Larga vida a la revolución española, que se dirige hacia un nuevo mundo de cada vez mayores conquistas emancipadoras bajo la bandera del anarquismo!

Con mis mejores deseos fraternales.

Néstor Makhno
29 de Abril de 1931

Publicado en *Probuzhdeniye*,
nº 23-27, junio-octubre de 1932, pp. 77-78.

# El poder «soviético», su presente y su futuro (1931)

Un gran número de gente, sobre todo de izquierda, tienden a considerar el poder «soviético» como un poder de Estado diferente a los otros, presentando estas diferencias como mejores:

> «El poder soviético dicen ellos es un poder obrero y campesino y, como tal, posee un gran futuro por delante...»

No hay afirmación más absurda. El poder «soviético» no es un poder mejor ni peor que otros. Actualmente, es también inseguro y absurdo como todo poder de Estado en general. Bajo ciertos informes, es hasta más absurdo que los otros. Habiendo conseguido una dominación política total del país, se hizo el dueño indiscutible de sus recursos económicos y, sin contentarse con esta situación groseramente explotadora, sintió nacer en él el sentimiento engañoso de una «perfección» espiritual, un sentimiento que procura desarrollar delante del pueblo trabajador y revolucionario del país. Esto hizo su espíritu proletario menos revolucionario, pero más atrevido. Así, quiere imponerse al pueblo engañado como su dueño espiritual; en esto, es fiel a la insolencia ilimitada e irresponsable de todo poder de Estado. No es un secreto para nadie que esta supuesta «perfección» del régimen no es otra que la de su inspirador, el partido bolchevique-comunista. Todo esto es sólo mentira descarada, repugnante hipocresía e imprudencia criminal hacia las clases trabajadoras, en nombre de las cuales y gracias a las cuales se cumplió la gran Revolución Rusa, ahora castigada por el poder en provecho de los privilegiados de su partido y de la minoría proletaria que, bajo la influencia de este partido, creyó que estaba representada en las etiquetas, apetitosas para los ignorantes, del Estado proletario y de dictadura del «proletariado». Minoría que se deja sin embargo arrastrar por la rienda, por este partido, sin tener participación alguna ni poseer el derecho a ser informada con precisión sobre lo que se preparó y se cumplió traidoramente ayer y lo que todavía se prepara hoy contra sus hermanos proletarios que no quieren ser un instrumento ciego y mudo y los que no creen en las mentiras del partido de máscara proletaria.

No es de extrañar, sin embargo, que este comportamiento del poder bolchevique con respecto a los trabajadores se muestre diferente en el dominio de su educación «espiritual». Pongo como muestra la persistencia de la conciencia revolucionaria en los trabajadores de la URSS, causa de gran preocupación para el régimen, y que el Partido Bolchevique quiere sustituir por una conciencia política fabricada según su programa.

Es esta la circunstancia que explica que el poder bolchevique se encuentre cada vez con más dificultades y que quiera estúpidamente completar su despotismo económico y político con una empresa espiritual sobre el pueblo trabajador. No hace falta decir que esta situación actual del régimen condiciona estrechamente su futuro; futuro completamente incierto, por falta de un presente favorable. En efecto, la situación actual es visiblemente desfavorable para millones de trabajadores de los que se puede esperar, de un momento a otro, insurrecciones y revoluciones sangrientas contra el orden bolchevique-comunista. Es muy evidente que este espíritu insurreccional revolucionario de los trabajadores de URSS debe ser sostenido por todos los revolucionarios dondequiera que sea. No obstante, no hará falta que contrarrevolucionarios y enemigos de los trabajadores saquen provecho de esta situación. Los trabajadores y revolucionarios deben pues tener por objetivo destruir el orden actual insensato e irresponsable, instaurado a favor de los privilegios de los miembros del Partido y de sus mercenarios.

La locura de este régimen debe ser eliminada y reemplazada por los principios vitales de los trabajadores explotados, teniendo como base la solidaridad, la libertad y la igualdad de opinión para ellos todos y cada uno, en definitiva, para todos los que se preocupan de una auténtica emancipación. Es un problema que concierne a todos los revolucionarios rusos: todos aquellos que se encuentran exiliados o en URSS deben, a mi parecer preocuparse de eso en primer lugar, así como todos los proletarios y los intelectuales dispuestos revolucionariamente; añadiré a estos todos los opositores y refugiados políticos del régimen bolchevique, a condición de que esto sea por motivos verdaderamente revolucionarios.

He aquí cómo veo el presente y el futuro del «poder soviético», así como la actitud que deben adoptar los revolucionarios rusos de toda tendencia respecto a él. Revolucionarios que no pueden, a mi parecer, plantearse el problema de otro modo. Deben darse cuenta que, para combatir el poder bolchevique, sí hay que tener en gran consideración los valores que utilizó y proclamó para apoderarse del poder; valores que continúa por otra parte defendiendo mentirosamente.

En caso contrario la lucha de los revolucionarios se mostraría, si no contrarrevolucionaria, como mínimo sí inútil para la causa de los trabajadores engañados, oprimidos y explotados por los bolcheviques-comunistas, los trabajadores a los que los revolucionarios deben ayudar cueste lo que cueste a liberarse de este viejo círculo vicioso de mentira y de opresión.

Publicado originalmente en *Bor'ba* (La Lucha),
Paris, nº 19-20, 25 de octubre de 1931, pp. 2-3.

# El abecedario del anarquista revolucionario
## (1932)

El Anarquismo es la vida libre y la obra creativa del hombre. Es la destrucción de todo lo que está en contra de estas aspiraciones naturales y sanas del hombre.

El anarquismo no es una enseñanza exclusivamente teórica, a partir de programas desarrollados artificialmente con el fin de definir el camino; es una enseñanza trazada a partir de la vida, a través de todas sus manifestaciones, ignorando todas las normas artificiales.

El rostro social y político del anarquismo es una sociedad libre, anti-autoritaria, que establece la libertad, la igualdad y la solidaridad entre todos sus miembros.

La Ley, en el anarquismo, es la responsabilidad del individuo, lo que conduce a una verdadera garantía de la libertad y la justicia social para todos y cada uno, en todas partes y en todos los tiempos. Aquí es donde nació el comunismo.

El anarquismo surge naturalmente en los seres humanos; el comunismo, entonces, es su desarrollo lógico.

Estas afirmaciones deberán ser justificadas en teoría mediante el análisis científico y de datos concretos, para así convertirse en los postulados fundamentales del anarquismo. Sin embargo, los grandes teóricos libertarios, como Godwin, Proudhon, Bakunin, Johann Most, Kropotkin, Malatesta, Sébastien Faure y muchos otros, no quisieron —al menos es lo que yo creo— limitar la doctrina en unos marcos rígidos y definitivos. Por el contrario, podemos decir que el dogma científico del anarquismo es la aspiración para demostrar que es inherente en la naturaleza humana el no contentarse jamás de sus conquistas. Lo único que no cambia en el anarquismo científico es la tendencia natural a rechazar todas las cadenas y cualquier explotación del hombre por el hombre. En lugar de las cadenas y la esclavitud establecida en la sociedad humana actualmente –que, por cierto, el socialismo no puede ni podrá eliminar– el anarquismo siembra la libertad y el derecho inalienable del hombre para hacerlo.

Como anarquista revolucionario, he participado en la vida del pueblo ucraniano durante la revolución. El pueblo sintió instintivamente a través de su actividad la exigencia vital de las ideas anarquistas y también ha sufrido su trágico destino. Yo conocí, sin cesar, las mismas dificultades dramáticas de esta lucha colectiva, pero a menudo me encontré incapaz de comprender y por tanto de formular las exigencias del momento. En general, yo me puse al dia rápidamente y me di cuenta de que claramente el propósito de mis compañeros y yo, era que estabamos llamados a luchar directamente asimilados por la masa que luchó por la libertad y la independencia del individuo y de la Humanidad entera.

La experiencia de la lucha práctica ha fortalecido mi convicción de que el anarquismo enseña de una manera viva al hombre. Es una enseñanza tan revolucionaria como la vida, es igualmente variada y de gran alcance en sus manifestaciones que la vida creativa del hombre y, de hecho, se indentifica con ella íntimamente.

Como anarquista revolucionario, y mientras tenga un lazo con esta calificación, te llamaré a ti, hermano humillado, a la lucha por la realización del ideal anarquista. En efecto, sólo por esta lucha por la libertad, la igualdad y la solidaridad comprenderás el anarquismo.

El anarquismo existe, por lo tanto, naturalmente en los seres humanos: los emancipa históricamente de la psicología servil –adquirida artificialmente– y les ayuda a hacerse combatientes conscientes contra la esclavitud bajo todas sus formas. Es en esto que el anarquismo es revolucionario.

Cuando el hombre se da cuenta, mediante la reflexión, de su situación servil, más se indigna con eso, y el espíritu anarquista de libertad, de voluntad y de acción se encaja en él. Esto concierne a cada individuo, hombre o mujer, tanto si jamás ha oido hablar de la palabra «anarquismo».

La naturaleza del hombre es anarquista: se opone a todo lo que tiende a encarcelarlo. Esta esencia natural del hombre, creo yo, se expresa en el término científico de anarquismo. Éste, como ideal de vida del hombre, desempeña un papel significativo en la evolución humana. Los opresores, al igual que los oprimidos, comienzan poco a poco a observar este papel; también, los primeros aspiran por todo los medios a deformar este ideal, mientras que los segundos aspiran, ellos, a hacerlos más fáciles de entender.

La comprensión del ideal anarquista en casa del esclavo y el dueño crece con la civilización moderna. A pesar de que ha intentado adormecer y bloquear toda tendencia natural del hombre de protestar contra todo ultraje a su dignidad, no pudo imponer silencio a los espíritus científicos independientes que desnudaron la procedencia verdadera del hombre y demostraron la inexistencia de Dios, considerado antes como el creador de la Humanidad. Como consecuencia, se volvió naturalmente más fácil probar de manera irrefutable el carácter artificial de las «unciones divinas» sobre tierra y de las relaciones denigrantes que se llevaban a cabo contra el hombre.

Todos estos acontecimientos considerablemente ayudaron al desarrollo consciente de las ideas anarquistas. También es verdad que concepciones artificiales vieron la luz en la misma época: el liberalismo y el socialismo supuestamente «científico», de la que una de las ramas es representada por el bolchevismo-comunismo. No obstante, a pesar de toda su influencia inmensa sobre la psicología de la sociedad moderna, o por lo menos sobre la gran parte de ella, y a pesar de su triunfo sobre la reacción clásica de una parte, y sobre la personalidad del individuo, por otra parte, estas concepciones artificiales tienden a resbalar sobre la pendiente que lleva a las formas ya conocidas del viejo mundo.

El hombre libre, que toma conciencia y se da cuenta de lo que pasa alrededor de él, entierra y enterrará inevitablemente todo el pasado degradante de la Humanidad, así como con todo lo que con esto arrastra, el engaño, la violencia arbitraria y la humillación. Enterrará también estas enseñanzas artificiales.

El individuo se libera poco a poco, desde ahora, de la capa de mentiras y de cobardía entre las que le recubrieron desde su nacimiento los dioses terrestres, esto con la ayuda de la fuerza grosera de la bayoneta, del rublo, de la «justicia» y de la ciencia hipócrita —la de los aprendices de brujo.

Desembarazándose de tal infamia, el individuo alcanza la plenitud que le hace descubrir el sentido de la vida: observa allí en primer lugar su antigua vida servil y repulsiva de cobardía y de miseria. Esta vida antigua lo había matado, esclavizándolo, destruyendo todo lo que tenía de único y de valor al principio, para transformarlo en un borrego que balaba, propiedad de un dueño imbécil que patalea y desgarra todo lo que hay de bueno en uno mismo.

Es solamente en este momento en el que el hombre se despierta hacia la libertad natural, independiente de quienes sean y que reduce a ceniza todo lo que le es contrario, todo lo que viola la pureza y la belleza cautivante de la naturaleza, la cual se manifiesta y crece a través de la obra creadora autónoma del individuo. Es sólo aquí cuando el hombre mismo vuelve a si mismo y condena para siempre su pasado vergonzoso, cortando con todo lazo psíquico que encarcelaba su vida individual y social, por el peso de su ascendencia servil y también, en parte, por su propia resignación, animada y aumentada por los chamanes de la ciencia.

Liberado de los dioses celestes y terrestres, así como de todas sus prescripciones morales y sociales, el hombre alza la voz y se opone en actos contra la explotación del hombre por el hombre y la recuperación de su naturaleza, la cual queda invariablemente atada la marcha hacia adelante, hacia la plenitud y la perfección. Este hombre rebelde que se ha dado cuenta de su situación y de la de sus hermanos oprimidos y humillados, se expresa desde ahora en adelante con su razón y corazón: Se hace un anarquista revolucionario, un solo individuo que pueda tener sed de libertad, de plenitud y de perfección tanto para él como para el género humano, aplastando con sus pies la esclavitud y la idiotez social que se encarnó históricamente por la violencia, el Estado.

Contra este asesino y bandido organizado, el hombre libre se organiza a su alrededor con sus semejantes, con vistas a reforzarse y de adoptar una orientación verdaderamente comunista en todas las conquistas comunes cumplidos sobre la vía creadora, a la vez grandiosa y penosa.

Los individuos miembros de tales grupos se emancipan por ahí de la tutela criminal de la sociedad dominante, en la medida en que ellos vuelven a ser ellos mismos, es decir, que rechazan todo servilismo hacia otros, que ellos hayan podido ser antes: obreros, campesinos, estudiantes o intelectuales. Así es como escapan de la condición de borrico, de esclavo, de funcionario o de lacayo que se vende a dueños imbéciles.

Como individuo, el hombre se acerca a su personalidad auténtica, rechaza y reduce a cenizas las ideas falsas sobre su vida, recobrando así todos sus verdaderos derechos. Es por este doble enfoque de rechazo y la afirmación por la cual el individuo se convierte en un revolucionario anarquista y un comunista consciente.

Como ideal de vida humana, el anarquismo se muestra conscientemente en cada individuo como una aspiración natural del pensamiento hacia una vida libre y creadora, conduciendo a un ideal social de felicidad. En nuestro siglo, la sociedad anarquista o la sociedad armoniosa no aparece más como una utopía. Sin embargo, tanto su elaboración como su organización práctica, su concepción parece todavía poco evidente.

En tanto que la enseñanza lleva a una vida nueva del hombre y de su desarrollo creativo, tanto en el plano individual como en el social, la misma idea del anarquismo se funda sobre la verdad indestructible de la naturaleza humana y sobre las pruebas indiscutibles de la injusticia de la sociedad actual –herida verdadera y permanente–. Esta comprobación conduce su partidarios –los anarquistas– a encontrarse en una situación a medias o totalmente ilegal frente las instituciones oficiales de la sociedad actual. En efecto, el anarquismo no puede ser reconocido como completamente legal en ningún país; esto se explica por su servidor y dueño: el Estado. La sociedad allí está completamente disuelta; todas sus funciones y asuntos sociales son transferidos a las manos del Estado. El grupo de personas que parasitó siempre a la Humanidad, construyéndole «zanjas» en su vida, se identificó así con Estado. Qué esto sea individualmente o en masa innumerable, el hombre se encuentra a la merced de este grupo de holgazanes que se hace llamar «gobernantes y dueños», mientras que son en realidad más que simples explotadores y opresores.

Son los tiburones que embrutecen y someten el mundo actual, sean gobernantes de derecha o de izquierda, burgueses o socialistas estatistas, a los que la gran idea del anarquismo no les gusta de ninguna manera. La diferencia entre estos tiburones consiste en que los primeros son unos burgueses declarados –por consecuentes menos hipócritas–, mientras que los segundos, los socialistas partidarios del estatismo de todas clases, y sobre todo entre ellos los colectivistas que indebidamente se agenciaron el nombre de comunistas, a saber los bolcheviques, se camuflan hipócritamente bajo las palabras de «fraternidad y de igualdad».

Los bolcheviques están dispuestos a repintar mil veces la sociedad actual o a cambiar mil veces la denominación de los sistemas de dominación de unos y de esclavitud de otros, a modificar las denominaciones según las necesidades de sus programas, sin cambiar por eso una nota de la naturaleza de la sociedad actual, con riesgo de trazar en sus programas estúpidos de los compromisos a las contradicciones naturales que existen entre la dominación y la servidumbre. Aunque ellos saben que estas contradicciones son insalvables, las mantienen sin embargo, con el solo fin de no dejar aparecer en la vida el solo ideal humano verdadero: el comunismo-anarquismo.

Según su programa absurdo, los socialistas y los comunistas estatistas decidieron «permitirle» al hombre ser libre socialmente, sin que sea posible por ello manifestar este libertad en su vida social. En cuanto a dejar al hombre emanciparse de manera espiritual totalmente, de modo que sea libre de actuar y de someterse únicamente a su propia voluntad y siguiendo las leyes naturales, aunque toquen poco a este sujeto, él no sabría para ellos ser de esa cuestión. Es la razón por la cual les unen sus esfuerzos con los burgueses con el fin de que esta emancipación jamás pueda escapar de su tutela odiosa. De todas formas, sobre la «emancipación» otorgada por un poder político cualquiera, sabemos bien en lo sucesivo cual aspecto se debe recubrir.

A la burguesía, el presente le parece bastante adecuado, porque todo los poderosos se inclinan ante ella: reyes, presidentes, gobiernos y la casi totalidad de los intelectuales y sabios, todos aquellos que someten a su vez a los esclavos de la sociedad nueva... Para ella, en estas condiciones, ¡La vida sólo puede ser bella! «No, no estamos de acuerdo con ustedes sobre este punto», claman los socialistas estatistas y comunistas. Se dirigen a los trabajadores, los organizan en partidos políticos y los alientan a rebelarse con el siguiente discurso: «Téneis que echar a los burgueses del poder del Estado y entregarnoslo a nosotros, los socialistas estatistas y comunistas, entonces nosotros os defenderemos y os liberaremos».

Enemigos encarnizados y naturales del poder del Estado, mucho más que los holgazanes y los privilegiados, los trabajadores expresan su odio, se sublevan haciendo la revolución, destruyen el poder de Estado y acaban con sus beneficiarios, luego, sea por ingenuidad o por falta de vigilancia, dejan a los socialistas apoderarse de eso.

En Rusia, dejaron a los bolcheviques-comunistas acaparárselo. Estos viles hipócritas, estos monstruos y verdugos de la libertad se echaron entonces a degollar, a fusilar y a aplastar a la gente, incluso a los desarmados, exactamente igual como antes hicieron los burgueses, si no peor. Fusilan para someter el espíritu independiente, sea individual o colectivo, con el fin de aniquilar para siempre en el hombre el espíritu de libertad y la voluntad creadora, de hacerlo un esclavo espiritual y lacayo físico de un grupo de malvados instalados en el lugar del trono caído, no dudando en utilizar a sicarios, para subordinar la masa y eliminar a los disidentes.

Deseando con ansia defender su derecho a la vida, a la libertad y a la felicidad, el hombre quiere manifestar su voluntad creadora agregándose al remolino de violencia. Delante de la salida incierta de su combate, tiende a veces a bajar los brazos delante de su verdugo, en el mismo momento cuando éste pasa el nudo corredizo alrededor del cuello, esto mientras que una única mirada audaz suya baste para asustar al verdugo y quitarse toda la carga del yugo. Desgraciadamente, el hombre prefiere cerrar muy a menudo los ojos en el mismo momento cuando el verdugo pasa un nudo corredizo sobre su vida entera.

Sólo el hombre que consiguió desembarazarse de las cadenas de la opresión y observó todos los horrores que se cometían contra el género humano, puede estar convencido de que su libertad y la de su semejante son inviolables, lo mismo que sus vidas, y que su semejante es un hermano. Si está dispuesto a conquistar y defender su libertad, a exterminar a todo explotador y todo verdugo (si éste no abandona su profesión cobarde) y después no tiene por objetivo en su lucha contra el mal de la sociedad contemporánea reemplazar el poder burgués por otro poder también opresor —socialista, comunista o «obrero» (bolchevique)—, y quiere instaurar una sociedad realmente libre, organizada a partir de la responsabilidad individual y que garantiza a todos una libertad auténtica y una justicia social igual para ellos todos, este hombre es un anarquista revolucionario. Puede mirar sin temor los actos del Estado verdugo y recibir si es necesario su veredicto, y también enunciar el suyo si llega la ocasión declarando: «¡No, no debes seguir así!

¡Rebélate, hermano oprimido! ¡Sublévate contra todo poder del Estado! ¡Destruye el poder de la burguesía y no le reemplaces por el de los socialistas y los bolcheviques-comunistas, suprime todo poder de Estado y echa a sus partidararios, porque jamás encontrarás a amigos entre ellos!»

El poder de los socialistas o los comunistas estatistas es tan nocivo como el de la burguesía. Incluso puede serlo incluso más, hacen sus experimentos con la sangre y la vida de los hombres. En este momento, no tarda en reunir a hurtadillas a las primicias del poder burgués; no teme más entonces recurrir a los peores medios engañando todavía más que el otro poder.

Las ideas del socialismo o el comunismo de Estado se vuelven hasta superfluas: se sirven de ellas y se acercan a todas las que pueden servir agarrarse al poder. En resumidas cuentas, sólo emplean medios nuevos para perpetuar la dominación y un devenir más cobarde que la burguesía, ya que ésta cuelga el revolucionario públicamente, mientras que el bolchevismo-comunismo, lo mata y lo ahoga a escondidas.

Toda revolución que puso frente a frente a la burguesía y los socialistas o comunistas de Estado demuestra bien lo que acabo de afirmar, en particular si se considera el ejemplo de las revoluciones rusas de Febrero y de Octubre de 1917. Habiendo derribado el Imperio Ruso, las masas trabajadoras se sintieron, en consecuencia, con una media emancipación política y aspiraron a acabar esta liberación. Entregaron las tierras, confiscadas de los grandes terratenientes y al clero, a los que las trabajaban o a los que tenían la intención de hacerlo sin explotar el trabajo de otros. En las ciudades, fueron las fábricas, las tipografías y otras empresas sociales que fueron tomadas por los que trabajaban en ellas. En el momento de estas realizaciones sanas y entusiastas, tendiendo a instaurar relaciones fraternales entre las ciudades y los campos, los trabajadores no quisieron observar que en Kiev, Jarkov y Petrogrado, nuevos gobiernos se instalaban.

A través de sus organizaciones de clase, el pueblo aspiraba a poner el fundamento de una sociedad nueva y libre por delante y eliminar, con toda independencia, todos los parásitos y todos los poderes de unos sobre otros, juzgados estúpidos y perjudiciales por los trabajadores.

Tal paso se confirmó claramente en Ucrania, en los Urales y en Siberia. En Tiflis, Kiev, Petrogrado y Moscú, el mismo corazón del poder moribundo, esta tendencia salió a la luz. No obstante, por todas partes y siempre, los socialistas y los comunistas de Estado tenían y todavía tienen numerosos partidarios, así como asesinos a sueldo. Entre éstos, desgraciadamente hay que comprobar que hay numerosos trabajadores. Con la ayuda de estos asesinos los bolcheviques acabaron con la obra del pueblo, y de una manera tan terrible que hasta la Inquisición de la Edad Media podría envidiarles.

En cuanto a nosotros, conociendo la naturaleza verdadera del Estado, les decimos a los guías socialistas y bolcheviques: «¡Vergüenza debería tener! Usted que tanto escribió sobre la ferocidad burguesa con respecto a los oprimidos. Usted que defendió con tanto encarnizamiento la pureza revolucionaria y la devoción de los trabajadores en lucha para su emancipación y ahora, llegado al poder, usted se muestra como los viles lacayos de la burguesía o directamente, convertido en burgués utilizando sus recursos, incluso hasta el punto de que es sorprendente y gracioso».

Por otra parte a través de las experiencias del bolchevismo-comunista, la burguesía ha comprendido, durante los últimos años, que la utopía científica de un socialismo estatal no podía ocurrir sin usar sus medios. Lo comprendió tan bien que se burla de sus alumnos que ni siquiera llegan a su altura.

Ha comprendido que, en el sistema socialista, la explotación y la violencia organizada contra la mayoría de la masa trabajadora no suprime de ninguna manera la vida corrompida y el parasitismo de los holgazanes, que de hecho la explotación cambia sólo de nombre y, después, crece y se refuerza.

Y esto es lo que la realidad nos confirma. Sólo hay que comprobar el robo de los bolcheviques y su monopolio sobre las conquistas revolucionario del pueblo, así como su policía, sus tribunales, las prisiones y los carceleros, todo empleado contra la revolución. ¡El Ejército Rojo continúa reclutando por la fuerza! Encontramos allí las mismas funciones que antes, aunque ahora se denominan de otro modo, siendo todavía más irresponsable y descarriadas.

El liberalismo, el socialismo y el comunismo de Estado son tres miembros de la misma familia que toman vías diferentes para ejercer su poder sobre el hombre, con el fin de impedirle alcanzar su total apertura hacia la libertad y la independencia creando un principio nuevo, sano y auténtico a partir de un ideal social válido para todo el género humano.

«¡Rebélate!», declara al anarquista revolucionario al oprimido. «Sublévate y suprime todo poder sobre ti y en ti. Y no participes en crear uno nuevo. ¡Sé libre y defiende la libertad de otros contra toda agresión!»

El poder en la sociedad humana es sobretodo pregonado por los que verdaderamente no vivieron jamás de su propio trabajo ni tuvieron una vida sana, o bien, todavía, no viven o no quieren vivir. El poder de Estado jamás podrá otorgar la alegría, la felicidad y la obertura a una sociedad, sea cual sea. Este poder ha sido creado por holgazanes con en el único fin de saquear y de ejercer su violencia, a menudo mortífera, contra ellos todos los que producen, por su trabajo —sea por la voluntad, la inteligencia o los músculos—, todo aquello que es útil y bueno en la vida del hombre.

Que este poder se cualifique de burgués, de socialista, de bolchevique-comunista, de obrero o de campesino, a la par es lo mismo: es también nocivo para la individualidad sana y feliz y para la sociedad en su conjunto. La naturaleza de todo poder de Estado es en todas partes idéntica: aniquilar la libertad del individuo, transformarlo espiritualmente en lacayo, después de servirse de eso para las tareas más sucias. No existe un poder inofensivo.

«¡Hermano oprimido, acaba con el poder que hay en ti y no permitas que se instaure sobre ti ni sobre tus hermanos, próximos o lejanos!»

La verdadera vida, sana y alegre, del individuo y de la colectividad no se construye con la ayuda del poder y de programas que intentan encerrarlo en fórmulas y leyes escritas. No, sólo puede edificarse a partir de la libertad individual, a partir de confirmarse su obra creadora e independiente, por las fases de destrucción y de construcción.

La libertad de cada individuo funda la sociedad libertaria; atendiendo su integridad por la descentralización y la realización del objetivo común: el comunismo anarquista.

Cuando nosotros representamos la sociedad comunista anarquista, la vemos como una sociedad grandiosa y armoniosa en sus relaciones humanas. Principalmente reposa en los individuos libres que se agrupan en asociaciones voluntarias —sea por interés, necesidad o por inclinación—, garantizando una justicia social igual para todos y uniéndose en federaciones y confederaciones.

El comunismo anarquista, es una sociedad que se funda sobre la vida libre de todo hombre, sobre su derecho intangible a un desarrollo infinito, sobre la supresión de todas las injusticias y de todos los dolores que entorpecen el progreso y el perfeccionamiento de la sociedad dividiendo la sociedad en clases, fuentes de la opresión y de la violencia de unos sobre otros.

La sociedad libertaria se da como objetivo hacer más bella y radiante la vida de cada uno, por medio de su trabajo, por medio de su voluntad y por medio de su inteligencia. En pleno acuerdo con la naturaleza, el comunismo anarquista se funda por consiguiente sobre la vida del hombre plenamente abierto, independiente, creativo y absolutamente libre. Es la razón para la cual sus partidarios aparecen en su vida como seres libres y radiantes.

El trabajo y las relaciones fraternales entre todos, el amor de la vida, la pasión de la creación bella y libre, todos estos valores motivan la vida y la actividad de los comunistas anarquistas. No necesitan prisiones, verdugos, espías y provocadores, utilizados en cambio en gran número por los socialistas y comunistas estatistas. Por principio, los comunistas anarquistas no necesitan bandidos y asesinos, cuyo ejemplo y líder supremo es, a fin de cuentas, el Estado. ¡Hermano oprimido! Prepárate para la fundación de esta sociedad, por medio de la reflexion y la acción organizada. Solamente, acuérdate que tu organización debe ser sólida y constante en su actividad social. El enemigo absoluto de tu emancipación es el Estado; se encarna lo mejor posible por la unión de los cinco tipos siguientes: el propietario, el militar, el juez, el sacerdote y el que es servidor de ellos todos, el intelectual. En la inmensa mayoría de los casos, este último se encarga de demostrar los derechos «legítimos» de sus cuatro dueño que condenan al género humano, que sistematiza la vida del hombre bajo todos sus aspectos individuales y sociales, esto deformando el sentido de las leyes naturales para codificar leyes «históricas y jurídicas», obras criminales de escritores corruptos.

El enemigo es muy fuerte porque, desde hace milenios, vive de pillajes y de violencia; hechó mano de la experiencia, superó crisis internas y ahora adopta una nueva fisonomía, estando amenazado de desaparición por la aparición de una ciencia nueva que despierta al hombre de su sueño terrenal. Esta ciencia nueva libera al hombre de sus prejuicios y le abastece de armas para descubrirse él mismo y encontrar su verdadero lugar en la vida, a pesar de todos los esfuerzos de los aprendices de brujos de la unión de los «cinco» para impedirlo avanzar sobre esta vía.

Así, tal modificación de la cara de nuestro enemigo, hermano oprimido, puede ser observada, por ejemplo, en todo lo que sale del gabinete de los reformadores sabios del Estado. Pudimos observar de una manera característica esta metamorfosis en el momento de las revoluciones que nosotros mismos vivimos.

En realidad, nuestro enemigo no ha hecho más que cambiar de apariencia y descubrir nuevos aliados que obraron criminalmente contra nosotros: la lección de los bolcheviques-comunistas en Rusia, en Ucrania, en Georgia, entre otros muchos pueblos de Asia Central es un ejemplo de esta consideración. Esta época jamás será olvidada por el hombre que combate para su emancipación, porque éste sabrá recordar la pesadilla y el crimen que ocurrió allí.

Aunque la revolución social se desarrolla espontáneamente, la organización abre su vía, facilita la aparición de brechas entre los diques levantados contra ella y acelera su llegada. El anarquista revolucionario trabaja desde ahora en esta orientación. Cada oprimido que tiene sobre él el yugo, siendo consciente que esta degradación aplasta la vida del género humano, debe ayudar al anarquista. Cada ser humano debe ser consciente de su responsabilidad y asumirlo hasta el fin, suprimiendo de la sociedad a todos los verdugos y parásitos de la unión de los «cinco», con el fin de que la Humanidad pueda respirar con toda libertad.

Cada hombre y sobre todo el anarquista revolucionario –como iniciador que llama a luchar por el ideal de libertad, de solidaridad y de igualdad– debe recordar que la revolución social exige para su evolución creadora unos medios adecuados, en particular los medios organizativos constantes, sobretodo durante el período en el que destruye, en un alzamiento espontáneo, la esclavitud, y siembra la libertad, afirmando el derecho de cada hombre a un desarrollo libre ilimitado. Precisamente es el período cuando, sintiendo la libertad verdadera en ellos y alrededor, los individuos y las masas se atreverán a poner en práctica las conquistas de la revolución social, la que aquí experimentará la necesidad más grande de estos medios organizativos. Por ejemplo, los anarquistas revolucionarios desempeñaron un papel particularmente notable en el momento de la Revolución Rusa pero, no poseyendo los medios de acción necesarios, no pudieron llevar a cabo su papel histórico. Esta revolución nos demostró bien, por otra parte, la verdad siguiente: después de ser destruidas las cadenas de la esclavitud, las masas humanas no tienen la intención de ninguna manera de crear unas nuevas. Al contrario, durante períodos revolucionarios, las masas buscan formas nuevas asociaciones libres que pueden no sólo responder a sus impulsos libertarios, sino que también sirvan para defender sus experiencias cuando el enemigo las ataca. Observando este proceso, hemos llegado a la conclusión de que las asociación más productivas y acertadas sólo podían ser las uniones-municipios, cuyos medios sociales son creados por la misma vida: los soviets libres. Fundándose sobre la misma convicción, el anarquista revolucionario se echa a la acción con abnegación e incita a los oprimidos a la lucha por las acciones libres. Está convencido que no sólo hay que manifestar los principios organizativos fundamentales y creadores, sino que también hay que encontrar los medios para defender la vida nueva contra las fuerzas hostiles. La práctica muestra que esto debe ser realizado de la manera más firme y sostenida por las propias masas directamente.

Cumpliendo la revolución, guiadas por el anarquismo natural que hay en ellas, las masas humanas investigan las asociaciones libres. Las asambleas libres retienen siempre su simpatía. El anarquista revolucionario debe ayudarles a expresar lo mejor posible en este paso. Por ejemplo, el problema económico de la asociación libre de los municipios debe encontrar su plena expresión por la creación de cooperativas de producción y de consumo, cuyos soviets libres serían los promotores.

Es a través de los soviets libres, durante el desarrollo de la revolución social, la forma en que las masas se apoderarán directamente de todo el patrimonio social: la tierra, los bosques, las fábricas, los ferrocarriles y los transportes marítimos, etc., luego, reagrupándose según su intereses, afinidades o el ideal común, construirán su vida social de un modo más variado y adaptado a sus necesidades y deseos.

Esta lucha será penosa; provocará a un gran número de víctimas, porque pondrá frente a frente, por última vez, a la Humanidad libre y el viejo mundo. No habrá lugar ni al titubeo ni al sentimentalismo. ¡La lucha será a vida o muerte! Por lo menos así es como deberá concebirlo cada hombre que le de importancia a sus derechos y a los de la Humanidad entera, si no quiere seguir siendo un borrego, un esclavo, como se le fuerza a ser actualmente.

Cuando el razonamiento sano y el amor, tanto el propio como el que se siente hacia los demás, se prioricen en la vida el hombre se hará el verdadero creador de su propia existencia.

Organízate, hermano oprimido, acude a todos los hombres del arado y del taller, del banco de la escuela, del instituto y de la universidad, sin olvidar al sabio y el intelectual en general, con el fin de que salga de su aposento y te apoye en tu camino penoso. Es verdad que nueve de cada diez intelectuales no podrán responder a tu llamamiento o bien, si lo hacen, será con la intención de engañarte, porqué no olvides que estos son fieles servidores de la unión de los «cinco». Habrá sin embargo uno de cada diez que se convertirá en tu amigo y te ayudará a desbaratar el engaño de los otros nueve. En cuanto a la violencia física, la fuerza grosera de los gobernantes legisladores, tú la eliminarás con tu propia violencia.

Organízate, llama a todos tus hermanos para reunir al movimiento y exige a todos los gobernantes que pongan fin voluntariamente a su cobarde profesión de regentar la vida del hombre. Si se niegan, sublévate, desarma a los policías, a los milicianos y otros perros guardianes de la unión de los «cinco». ¡Detén a todos todo los gobernantes, desgarra y quema sus leyes! ¡Destruye las prisiones, aniquila la burocracia, suprime todo poder de Estado!

Numerosos sicarios y asesinos se encuentran en el ejército, pero tus amigos, los soldados movilizados por la fuerza, también están allí, están presentes, llámales a ti, vendrán a ayudarte y te ayudarán a neutralizar a los mercenarios.

Después de habernos reunido totalmente en una gran familia, hermanos, iremos juntos sobre el campo de la luz y del saber, alejaremos las tinieblas y marcharemos hacia el ideal común de la humanidad: la vida fraternal y libre, la sociedad donde nadie será esclavo ni será humillado por quienquiera que sea nunca más.

A la violencia ruda de nuestros enemigos, responderemos con la fuerza compacta de nuestro ejército revolucionario insurreccional. A la incoherencia y la arbitrariedad, nosotros responderemos construyendo con justicia nuestra nueva vida, teniendo como base la responsabilidad de cada uno, verdadera garantía de la libertad y de la justicia social.

Sólo los criminales sanguinarios de la unión de los «cinco» se negarán a unirse a nosotros en el camino hacia la vida nueva; intentarán oponerse a eso para conservar sus privilegios, con lo que ellos mismos se condenarán.

Viva esta convicción clara y firme en la lucha por el ideal de la armonía humana generalizada: ¡La sociedad anarquista!

Publicado en *Probuzhdeniye*,
nº18, enero de 1932, pp. 57-63 i nº 19-20,
febrero-marzo de 1932, pp. 16-20.

# Los caminos del poder «proletario» (1932)

Hace tiempo que la intelectualidad socialista de vanguardia formuló, de forma más o menos completa, los fines de la lucha histórica del proletariado contra la burguesía y que los proletarios, adoptando sin ninguna corrección esta formulación de la intelectualidad, han entrado bajo su dirección en esta lucha. Este fue un triunfo incuestionable para la intelectualidad, que se dio así el objetivo de llevar al proletariado a la emancipación completa mediante la destrucción del Estado y el poder burgueses, para sustituirlos por un Estado y un poder «proletarios».

Naturalmente, ni la intelectualidad ni el propio proletariado escatimaron esfuerzos y conocimientos para demostrar al mayor número posible de personas el mal cometido por el Estado burgués. Gracias a ello pudieron desarrollar y fortalecer entre las masas trabajadoras la idea de un poder «proletario» que debía resolver todos sus problemas. Según esta concepción, el proletariado utilizaría su poder y su estado de clase como único medio para liberarse, junto con las demás clases, de la burguesía y establecer un principio igualitario y libre en las relaciones entre los hombres. Semejante predestinación del poder «proletario» siempre nos ha parecido a los anarquistas un gran error. Nuestros camaradas del pasado han protestado constantemente contra esta concepción y han demostrado el aberrante error de distinguir el poder «proletario» del poder estatal en general, designando al primero una misión que le es profundamente ajena.

Los socialistas de Estado, sin embargo, se mantuvieron fieles a su escuela autoritaria y fue con este entendimiento que aprendieron la Gran Revolución Rusa, una revolución de una profundidad y magnitud social desconocida hasta entonces. En cuanto a nosotros, los anarquistas, nos hemos apartado de su predestinación al poder «proletario». En el curso de esta polémica, demostramos a los estatistas que todo Estado, ya sea burgués o proletario, tiende por su propia naturaleza a explotar al hombre, a destruir en todos y cada uno de nosotros todas las cualidades naturales del espíritu humano que nos impulsan a la libertad y a la solidaridad en que ésta se basa. Esto nos ha valido, por parte de los socialistas estatistas, un odio aún mayor. Pero la existencia y la práctica del poder proletario en Rusia ha confirmado y sigue confirmando la corrección de nuestro análisis. El Estado «proletario» ha expuesto cada vez más su naturaleza y ha demostrado que su carácter proletario era una mera ficción, que los proletarios han podido ver desde los primeros años de la revolución, tanto más cuanto que ellos mismos han contribuido a instalarlo.

El hecho de que el poder «proletario», en el curso de su degeneración, resultó ser nada más que un poder estatal, se hizo indiscutible y lo llevó a dejar de ocultar astutamente su verdadero rostro. Con su práctica ha demostrado sobradamente que sus fines y los de la Gran Revolución Rusa no tienen absolutamente nada en común. En todos estos años de hipocresía, no pudo someter pacíficamente los fines de la revolución rusa a los suyos y tuvo que enfrentarse a todos aquellos que amenazaban con sacar a la luz su verdadera esencia -una enorme y enconada herida en el cuerpo de la revolución- cuya cobardía y engaño traen la muerte y la devastación a todos sin excepción, en primer lugar a los que intentan ser independientes y actuar libremente.

Uno puede preguntarse: ¿cómo ha ocurrido esto? Según Marx y Lenin, el poder «proletario» no debía parecerse en nada al poder burgués. ¿No sería una parte de la vanguardia proletaria la responsable de este resultado?

Muchos anarquistas se inclinan a pensar que el proletariado no tiene nada que ver con esto, habiendo sido engañado por la casta de intelectuales socialistas, que aspirarían, en el curso de una serie de acontecimientos puramente socio-históricos y en virtud de la lógica de las inevitables transformaciones del Estado, a sustituir el poder de la burguesía por el suyo propio. Por ello, la intelectualidad socialista se esforzará por dirigir permanentemente la lucha del proletariado contra el mundo capitalista y burgués.

En mi opinión, esta formulación no es del todo exacta ni realmente suficiente. La experiencia revolucionaria de Rusia nos proporciona abundantes datos objetivos sobre este tema. Nos muestra de forma irrefutable que el proletariado no era en absoluto homogéneo durante la revolución. Así, el proletariado urbano, cuando participó en el derrocamiento en muchas ciudades del poder del enemigo de clase -la burguesía-, dudó por un momento entre los caminos de las revoluciones de febrero y octubre de 1917. Sólo al cabo de un tiempo, tras la victoria militar de octubre sobre febrero, una parte notable del proletariado urbano empezó a fusionarse con una parte de sus hermanos, los partidarios directos de las conquistas de octubre. Pronto, esta parte del proletariado no sólo se olvidó de defender sus propias conquistas, sino que se apresuró a unirse al partido bolchevique en el poder, que supo halagar desmesuradamente inculcándole el gusto por los privilegios políticos, económicos y jurídicos de clase. Esta parte del proletariado, orgullosa de sus privilegios de clase, se enamoró de su «estado proletario de clase». Por supuesto, el partido bolchevique socialdemócrata apoyó y alentó plenamente esta evolución, porque abría un amplio campo para aplicar su propio programa, que consistía en utilizar la lucha revolucionaria práctica del proletariado para someter a todo el proletariado y luego tomar el poder del Estado en su nombre. Por el camino, para distinguirse mejor, el Partido Socialdemócrata Bolchevique se transformó en un partido «comunista bolchevique», no escatimando medios para utilizar la demagogia más descarada, no dudando si es necesario en robar programas de otras formaciones políticas; todo ello con el único objetivo de que el proletariado se adhiriera mejor a él, al que prometía su ayuda indefectible, cuando en realidad sólo avanzaba hacia su propio objetivo. Fue en esto donde el partido encarnó mejor las esperanzas históricas de la casta intelectual: volver a poner a la burguesía en el poder y ejercer este poder a cualquier precio. Una parte del proletariado no se opuso a sus puntos de vista, al contrario, se reconoció en sus acciones y no se convirtió en su cómplice.

Sin embargo, esta parte del proletariado había sido educada durante generaciones en la idea de que el proletariado sólo se emanciparía de la burguesía cuando rompiera su poder, destruyera su organización estatal para construir la suya propia. Sin embargo, esta parte del proletariado ayudó al partido bolchevique-comunista a organizar su «poder proletario» y a construir su Estado de clase.

El camino seguido y los medios empleados pronto hicieron que esta parte del proletariado se asemejara en todos los aspectos a la burguesía derrocada, igualmente impúdica y arrogante, sin miedo a abusar de la violencia más feroz para establecer su dominio sobre el pueblo y la revolución.

Ni que decir tiene que esta violencia era bastante natural para la casta intelectual del partido, porque había sido preparada durante muchos años para utilizarla y se intoxicó con ella. En cuanto a la masa del proletariado -los esclavos mudos de ayer- la violencia ejercida sobre sus semejantes les es profundamente ajena. Ocupada en la construcción de su «estado de clase», una parte del proletariado se ha visto abocada a comportarse, mediante el uso de la violencia, de una manera que repugna a la libertad individual, a la libertad de palabra y de expresión de cualquier organización revolucionaria, desde el momento en que se apartó de la impudicia del «poder proletario». Esta parte del proletariado se apresuró a ocupar, bajo la dirección del Partido Comunista Bolchevique, los lugares dejados vacantes por los déspotas de la burguesía derrocada, convirtiéndose a su vez en dueña tiránica, no dudando en utilizar para ello la más horrible violencia, sin ningún discernimiento, contra todos los que se oponían a sus objetivos. Este comportamiento fue al mismo tiempo hábilmente enmascarado por la «defensa de la revolución».

Esta violencia se ejerció principalmente sobre el cuerpo de la revolución rusa en beneficio de los estrechos intereses de una parte del proletariado y del partido bolchevique-comunista, y en nombre de su completa dominación sobre todas las demás clases trabajadoras. Esto no puede verse sólo como una desorientación temporal del proletariado. Una vez más, podemos ver con gran claridad cómo todo poder estatal manifiesta descaradamente su naturaleza, la etiqueta de proletario no cambia nada.

En mi opinión, es por todas estas razones que todos los camaradas extranjeros, que no han conocido esta experiencia, deben estudiar cuidadosamente todas las etapas de la revolución rusa, en particular el papel desempeñado en ella por el partido bolchevique-comunista y la parte del proletariado que lo siguió. Esto es para no caer en los mismos errores, siguiendo la descarada demagogia de los bolcheviques y sus partidarios, sobre la utilidad del «poder proletario».

También es cierto que la lucha actual de todos nuestros camaradas contra la mentira bolchevique debe librarse con la ayuda de un conocimiento serio de lo que ellos mismos pueden proponer a las amplias masas en lugar de este «poder proletario». No bastan las bellas consignas, aunque las masas no suelen ser indiferentes a ellas. Esta lucha se desarrolla sobre la base de situaciones concretas y lleva a plantear continuamente preguntas vitales y apremiantes: ¿cómo y qué medios de acción social deben emplear las masas trabajadoras para lograr la emancipación completa?

Estas preguntas deben responderse de la forma más directa posible y con la mayor claridad. Esta es una necesidad esencial, no sólo para una lucha activa contra el mundo capitalista y burgués, sino también para nuestro movimiento anarquista, porque de ella dependerá la influencia de nuestras ideas en el inicio y el resultado de esta lucha. Esto significa que el proletariado no debe repetir el error cometido por sus hermanos rusos, es decir, no organizar un «poder proletario», bajo la dirección de cualquier partido, aunque se llame «proletario», sino sólo organizar la satisfacción de las necesidades de todos y defender la revolución contra todo tipo de poder estatal.

Publicado en *Probouzdénié*,
nº 18, enero de 1932, pp. 45-48.

# Sobre la historia de la Revolución Española de 1931 y el papel desempeñado por los anarquistas y socialistas de derecha e izquierda (1933)

Cuando estalla una revolución, independientemente de su carácter –político o social– lo más importante es que en ella participen grandes masas de trabajadores, y sus dirigentes, ya sean colectivos muy unidos o individuos con una autoridad particular entre los trabajadores, se ponen por encima de las masas, no caminan al ritmo de éstas, No confían en ellos, esperan algo extraordinario de ellos o, peor aún, quieren subordinarlos tratando de mostrarles el «único» camino a seguir, entonces la revolución no se desarrolla con la suficiente profundidad, no logra emerger, ni formular correctamente los problemas del momento a resolver. No puede entonces descubrir medios nuevos y adicionales de acción social para contrarrestar a sus enemigos y responder a las necesidades urgentes; se ve abocado a tomar caminos imprecisos, a perderse entre sus zig-zags fatales. En ese momento, o bien perece bajo el golpe de aquellos contra los que se dirigía, o bien cambia de dirección, estrecha su curso y acaba según los intereses de sus enemigos internos.

Todas estas diferentes razones han sido a menudo decisivas en las revueltas que han tenido lugar hasta ahora, en Europa y en otros lugares. Lo mismo ocurrió en España. Es cierto que la revolución española de 1931 se diferencia de muchas otras revoluciones por sus características muy especiales. No fue provocado por una tormenta revolucionaria en las ciudades y el campo, sino por las urnas. En el curso de su evolución, gracias a la acción de los elementos de izquierda, se ha desprendido de sus primeras raíces y se ha situado en los vastos espacios de la acción social emancipadora de los trabajadores. Si terminó a favor de los elementos autoritarios, y de forma trágica para la suerte de los trabajadores y de muchos revolucionarios, así como para lo que habían podido construir, la responsabilidad de ello recae en gran medida en las agrupaciones políticas de la izquierda española. Este desafortunado resultado se debe a la responsabilidad de los socialistas autoritarios y de los socialistas antiautoritarios, es decir, de nuestros compañeros comunistas libertarios y anarcosindicalistas.

La responsabilidad de los socialistas estatistas de derechas consiste en que han estado vinculados desde el principio con el partido burgués de Niceto Alcalá-Zamora. Es cierto que los militantes de base de este partido, especialmente los obreros, no querían oír hablar de esta política, ni estaban al tanto de las negociaciones ocultas desde las «cúpulas» de su partido con la burguesía para tomar juntos el poder, a costa de sacrificar la revolución. Sólo cuando los obreros socialistas se enfrentaron a las preguntas de otros trabajadores sobre la política de su partido, y no supieron responderlas, sus dirigentes adoptaron hipócritamente posiciones de pavo real frente a la burguesía, asustando un poco a sus representantes, al declararse dispuestos a tomar el poder solos, con el único apoyo de los trabajadores. Este doble juego de los dirigentes socialistas con respecto a la revolución, llevado a cabo teniendo en cuenta las aspiraciones de los trabajadores representados por las demás organizaciones social-revolucionarias, provocó, sin embargo, la más completa confusión en la mente y en la comprensión de los trabajadores con respecto a la revolución iniciada, disminuyendo en última instancia el mejor y más combativo aspecto de su lucha, todo lo que les había permitido alcanzar una victoria completa y entusiasta sobre la monarquía y el rey.

Los trabajadores españoles percibieron con insistencia que había llegado la hora de nuevas y libres formas de vida social. Las «cumbres» socialistas de derechas fingieron acoger esto, pero en realidad trabajaron en secreto para traicionar estas aspiraciones, y al hacerlo hicieron un enorme daño a los primeros pasos de la revolución.

La responsabilidad de los bolcheviques-comunistas -la «izquierda de la izquierda» de los socialistas, si se quiere- radica en que no actuaron por la causa de la emancipación real de los trabajadores, sino sólo por sus propios y sucios intereses de partido. Vieron la revolución como un medio por el que podían, a su antojo, atontar las cabezas proletarias con las promesas más demagógicas y luego, tras haberlas atraído a su redil autoritario, utilizarlas físicamente para establecer su sucia dictadura de partido sobre el país. Cuando se dieron cuenta de que sus maniobras demagógicas no funcionaban con los trabajadores, sobornaron o engañaron a algunos elementos aventureros para que organizaran manifestaciones violentas convocando a los trabajadores desarmados. Sin embargo, estas manifestaciones tampoco les reportaron ningún éxito. En estas derrotas obreras premeditadas se derramó sangre de personas que estaban lejos de la acción. Todo esto no hizo más que fortalecer la coalición de los socialistas de derecha de Niceto Alcalá-Zamora con la burguesía, y aumentar su poder no sólo contra los «candidatos a dictador» de izquierda, sino también contra la revolución en general.

En cuanto a los bolcheviques-«comunistas», son de la misma escuela marxista-leninista que sus congéneres rusos: no son más que jesuitas y traidores a todos los que luchan contra el capital y por la emancipación del proletariado, sin querer pasar por debajo de sus escaldados tenedores. Durante la revolución española de 1931 no fueron lo suficientemente fuertes —y siguen sin serlo— para manifestar esta traición de forma evidente. A pesar de ello, consiguieron montar varias provocaciones y lanzar algunas calumnias, no tanto contra la burguesía como contra sus adversarios políticos de la izquierda. Esta circunstancia explica en parte la dificultad que tuvo la revolución para deshacerse de las ideas y los dirigentes burgueses, porque tuvo que luchar al mismo tiempo contra la desmoralización propagada por estos traidores de la «izquierda». Estos últimos actúan en nombre de su dictadura y no en nombre de la verdadera libertad social, la que funda la solidaridad y la igualdad de opinión de todos los que han roto radicalmente con el pesado pasado de la explotación y que marchan hacia un mundo nuevo en este momento.

La responsabilidad de los comunistas libertarios y anarcosindicalistas españoles en la evolución de los acontecimientos recae principalmente en ellos porque se desviaron de sus principios básicos al participar activamente en esta revolución, ciertamente para quitarle la iniciativa a la burguesía liberal, pero permaneciendo sin embargo en el terreno de clase parasitaria de ésta. Por un lado, han ignorado completamente las exigencias de nuestro tiempo y, por otro, han subestimado la importancia de los medios de que dispone la burguesía para contener y eliminar a todos los que se interponen en su camino.

¿Cuáles son las causas que han impedido a los anarquistas manifestar en la práctica su convicción de transformar una revolución republicana y burguesa en una revolución social?

En primer lugar, la ausencia de un programa determinado y preciso les ha impedido lograr la unidad en sus acciones, la unidad que condiciona en un período revolucionario el crecimiento del movimiento y su influencia en todo lo que le rodea.

En segundo lugar, nuestros compañeros españoles, como muchos compañeros de otros países, consideran el anarquismo como una iglesia ambulante de la libertad… Esta actitud les ha impedido, en muchas ocasiones, concretar en tiempo y lugar las estructuras prácticas e imprescindibles de organización económica y social que deben aglutinar la lucha diaria y global de los trabajadores. Esto les ha impedido realizar la misión del anarquismo en un periodo revolucionario.

Los comunistas libertarios y anarcosindicalistas españoles, a pesar de todo el ascendiente moral que tenían entre los trabajadores del país, no supieron influir a fondo en un sentido revolucionario en la psicología de las masas, dudando entre su simpatía por la revolución y las ideas pequeñoburguesas. Deberían haberse transformado en luchadores activos por el desarrollo y la defensa de la revolución. En cambio, sintiéndose relativamente libres, los anarquistas, al igual que los pequeños burgueses, se dedicaron a discutir sin parar. Se expresaron libremente, oralmente y por escrito, sobre toda clase de temas; celebraron muchas reuniones, con hermosas profesiones de fe, pero omitieron a los que habían ocupado el lugar del rey, que estaban ocupados en consolidar su poder.

Por desgracia, no se hizo nada a tiempo en este frente, aunque era muy necesario. En ese momento, los anarquistas españoles tuvieron una oportunidad real -mucho más que cualquier otra agrupación revolucionaria del país- de determinar en la práctica una estrategia que hubiera llevado la revolución un paso más allá. La CNT aumentó su número de miembros a la velocidad del rayo y se convirtió para todo el país trabajador en el foro y el lugar donde las antiguas esperanzas de los trabajadores podían finalmente expresarse.

Para acentuar aún más este papel activo de nuestro movimiento, habría sido necesario derribar a la burguesía y su poder, eliminar por completo su influencia del movimiento revolucionario. ¿Significa esto que nuestros camaradas españoles no hicieron nada en este sentido durante este año revolucionario de 1931? Desde luego que no. Hicieron todo lo posible para transformar la revolución política en una revolución social. Soportaron sacrificios heroicos e, incluso ahora que la revolución ha sido reprimida, muchos de ellos sufren los rigores de la represión. Sin embargo, estos sacrificios fueron en vano, ya que no se hicieron con los fines adecuados. Todo esto, repito, porque el anarquismo no tiene un programa definido, porque las acciones anarquistas realizadas han estado y están, además, en la más completa dispersión, y no desde una unidad táctica, determinada y orientada por una unidad teórica, por un único objetivo común. Por estas mismas razones, los anarquistas españoles no han podido llevar a cabo su labor, y esto es lo que llevó a los más débiles a lanzar el famoso «manifiesto de los treinta» -bastante inapropiado- en nombre de la «mayor conciencia de responsabilidad» de sus autores. Los militantes más decididos e intrépidos, los que no sólo propagan sus ideas sino que incluso perecen por ellas, languidecen en casamatas inmundas, en las bodegas de los barcos que los llevan como deportados a tierras hostiles.

Estos son, en general, los rasgos fundamentales de las omisiones, errores y fallos fatales para la acción revolucionaria, cometidos por las agrupaciones de la izquierda española, en un momento decisivo que raramente se repite en la historia, y que ha conducido a los resultados actuales de la revolución española. Todos estos grupos son responsables de la situación.

No sé qué conclusiones sacarán de esto los socialistas estatistas, esos que no podían hacer otra cosa que jugar al lacayo de la burguesía, mientras querían hacer de otros revolucionarios sus propios lacayos. En cuanto a los anarquistas revolucionarios, creo que tienen algo que pensar aquí, para no repetir los mismos errores en el futuro, ya sea en España o en cualquier otro lugar: encontrarse en posiciones revolucionarias avanzadas sin los medios necesarios para defender las conquistas revolucionarias de las masas contra los implacables ataques de sus enemigos socialistas burgueses y autoritarios.

Es obvio que los anarquistas revolucionarios no deben recurrir a los medios de los bolcheviques, como a veces están tentados de hacer algunos de ellos, hasta el punto de aconsejar establecer un «estrecho contacto» con el Estado bolchevique (como defendía recientemente el «innovador» Archinov). Los anarquistas revolucionarios no tienen nada que encontrar en el bolchevismo; tienen su propia y rica teoría revolucionaria, que define tareas totalmente opuestas a las de los bolcheviques en la vida y la lucha de las clases trabajadoras. No pueden conciliar sus objetivos con los del panbolchevismo, que se impone tan ferozmente, a golpe de rublo y bayoneta, a la vida de los trabajadores de la URSS, ignorando deliberadamente sus derechos y convirtiéndolos en sus dóciles esclavos, incapaces de pensar de forma independiente, de razonar por su propio bienestar y el de los demás trabajadores del mundo.

Ningún individuo o grupo anarquista, por muy entregado que esté a la causa del movimiento, puede realizar las tareas previstas. Todos los intentos realizados hasta la fecha dan fe de ello. Es fácil ver por qué: ningún individuo o grupo puede unir nuestro movimiento, ni a nivel nacional ni internacional. Estas enormes e importantes tareas sólo pueden ser realizadas por un colectivo internacional de reflexión libertaria. Esto es lo que dije hace siete años a Rudolph Rocker y Alexander Berkman en Berlín. Lo reafirmo con mayor firmeza ahora, ya que muchos libertarios reconocen abiertamente -después de toda una serie de intentos infructuosos de crear algo práctico- que no hay otra posibilidad de desarrollar un programa decidido y elaborado de acuerdo con nuestros tiempos y nuestras fuerzas, que convocar una conferencia preparatoria, compuesta por los militantes más activos y comprometidos, tanto en lo teórico como en lo práctico, que debería formular las tesis que corresponderían a las cuestiones vitales del movimiento anarquista, tesis que serían debatidas en la perspectiva de un congreso anarquista internacional. Estos últimos, a su vez, desarrollarían y completarían estas tesis. Tras este congreso, estas tesis representarían un programa definido y una referencia sólida para nuestro movimiento, una referencia válida para cada país. Esto liberaría a nuestro movimiento de las desviaciones reformistas y confusionistas, y le daría el poder de convertirse en la vanguardia de las revoluciones contemporáneas.

Es cierto que esta labor no es fácil; sin embargo, la voluntad y la solidaridad de quienes puedan y quieran hacerlo facilitarán enormemente este proceso. Que comience este trabajo, ¡nuestro movimiento sólo puede ganar con él!

Viva la aspiración fraternal y común de todos los militantes anarquistas a la realización de esta gran obra, la obra de nuestro movimiento y de la revolución social por la que luchamos.

Néstor Makhno
Francia, 1931.

Publicado en *Probouzdénié,*
nº 30-31, enero-febrero de 1933, pp. 19-23.

# NÉSTOR MAKHNO: LOS ÚLTIMOS AÑOS DE VIDA EN EL EXTRANJERO (2021)[12]

El Archivo Estatal del Servicio de Inteligencia Exterior de Ucrania contiene una selección de materiales del Departamento de Asuntos Exteriores del Departamento Político Secreto de la GPU de la RSS de Ucrania, que permite rastrear las actividades de Néstor Makhno en los últimos años de su vida en el exilio. Y aunque en aquella época, en la década de 1930, Makhno ya no suponía una amenaza real para el poder soviético, sus servicios especiales continuaron las investigaciones contra él y su entorno más cercano, reclutando agentes entre los antiguos makhnovistas para su deportación.

Las subdivisiones territoriales de la GPU de la RSS ucraniana en Odesa, Zaporizhia, Dnipropetrovsk, Kharkiv y Mariupol fueron las que trabajaron más activamente sobre Makhno y los makhnovistas. Es decir, donde vivía la mayor parte de los soldados del llamado Ejército Revolucionario Insurgente, cuyo número, según los documentos operativos de la GPU, llegó a ser de 65.000, y en algunos períodos incluso de 100.000 personas. Después de que el Insurgente Otaman con algunos restos de su ejército se refugiara en Rumanía y más tarde se trasladara a Polonia, además de

---

12  Después de que Néstor Makhno y otros miembros del movimiento makhnovista se vieran obligados a exiliarse en 1921, siguieron siendo de gran interés para los servicios de inteligencia soviéticos. El siguiente artículo resume el contenido de los expedientes sobre Makhno y sus camaradas que se conservan en los archivos del Servicio de Inteligencia Exterior del Estado de Ucrania y se publicó en el sitio web del FISU.

las unidades de contrainteligencia, la rama exterior de la GPU de la RSS ucraniana comenzó a trabajar contra él. Después de todo, Rumanía y Polonia eran los principales países de responsabilidad del aparato central de la inteligencia soviética en Moscú antes de que se creara la inteligencia de la Ucrania soviética.

Néstor Makhno estaba en la lista de los enemigos más feroces del gobierno soviético. En este sentido, la GPU de la RSS ucraniana se encargó de penetrar en su entorno inmediato, obtener información sobre los planes e intenciones, atraer al otamán y a sus asociados al territorio de la URSS. El Departamento del Distrito de Odesa de la GPU de la RSS de Ucrania llevó a cabo en ese momento una operación a gran escala «Violinistas». La operación planeaba incluso eliminar físicamente a Makhno, pero éste escapó de la muerte. En su lugar, la GPU consiguió infiltrar a sus propios agentes en su entorno, que informaban constantemente de sus acciones y movimientos.

En 1923, según fuentes extranjeras de la GPU, Makhno y un grupo de partidarios abandonaron Rumanía para dirigirse a Polonia. Inmediatamente después de cruzar la frontera, todos fueron detenidos por la defensiva polaca (contrainteligencia). A continuación, Makhno fue recluido por separado en la prisión de Mokotow.

Aprovechando el permiso a su esposa embarazada, Halyna Kuzmenko, para ir a Varsovia a recibir tratamiento, le indicó que visitara la embajada de la RSS ucraniana en Polonia y comenzara a negociar un acuerdo con las autoridades soviéticas. Ella hizo todo lo que le dijo su marido. Como resultado de esta visita, el 29 de julio de 1922, la Embajada envió una carta al Comisariado del Pueblo para Asuntos Exteriores de la RSS de Ucrania:

«El 22 de julio de 1922, la esposa de Makhno, Halyna Kuzmenko, solicitó al Departamento Consular de nuestra Embajada el permiso para partir a Ucrania para negociar con el Gobierno ucraniano el regreso de un grupo de makhnovistas a Ucrania (se adjunta la solicitud). Por conversaciones directas con ella, se supo que eran 16, que estaban en el campo de internamiento de Strzhalkov. Las autoridades polacas los aislaron de los petliuristas. Según ella, los makhnovistas están muy descontentos con su vida en el campo y querrían volver a casa. Su espíritu de lucha también ha desaparecido. Ella misma (Halyna Kuzmenko) parecía cansada y desanimada, incluso pidió un poco de ayuda económica. En las conversaciones, mencionó varias veces que los oficiales polacos (incluido Bilinsky) de la administración del campo les ofrecieron abandonar el campo y ser transportados a Ucrania, pero no quisieron ayudar en este momento −dijeron que si lo hacían, podrían ser ayudados más tarde. También insinuó lo siguiente: «Si el gobierno ucraniano nos diera al menos un poco de ayuda con dinero (unos 300.000 o 400.000 marcos polacos) y de 6 a 8 revólveres, podríamos haber saltado del campo y huir a la región de Hutsul y Galicia.

De esta manera, el gobierno ucraniano estaría cubierto y tendría acusaciones contra el gobierno polaco, que no extraditó a Makhno tiempo antes. Kuzmenko volvía una y otra vez a este tema e insistía en que la cuestión de la región de Hutsul era seriamente discutida por ellos.

Por nuestra parte, ignoramos en silencio sus propuestas de este tipo y nos limitamos a hablar de lo que habían venido a buscar, es decir, su regreso a Ucrania. Le dijimos que era poco probable que el gobierno ucraniano negociara con ellos como grupo, y que cada uno de ellos podía solicitar individualmente la amnistía como todos los que habían luchado activamente contra las autoridades soviéticas. Tal respuesta no la satisfació, y pidió que su solicitud fuera enviada al NKVD de todos modos». (Archivos Estatales Centrales de los Órganos Supremos de Poder y Gobierno de Ucrania- F. 4. − Op. 1. − Caso 566. − P. 16).

A finales de 1923, Néstor Makhno fue liberado de la prisión por falta de pruebas en la preparación de un levantamiento en el oeste de Ucrania con el objetivo de, supuestamente, seguir adhiriéndose a la RSS ucraniana. Al mismo tiempo, la intensificación de las actividades de los makhnovistas en el extranjero obligó a la dirección de la GPU a tomar medidas adicionales para obtener una información lo más completa posible sobre sus planes e intenciones. Las instrucciones pertinentes fueron recibidas por el Departamento de Asuntos Exteriores de la GPU y por un representante de la residentura en Varsovia de la inteligencia exterior soviética.

A principios de 1924, se recibió otro informe de la residentura. De nuevo, un grupo de makhnovistas pedía permiso para regresar a Ucrania. El residentura hizo sus comentarios: «Creemos que a estas personas se les puede permitir volver a casa con seguridad. Tenemos todas las razones para creer que Makhno fue sincero al intentar contactar con las autoridades soviéticas. Se comportó en la cárcel perfectamente bien y con valentía, sin comprometer a nadie, aunque para esto último se le hubiera dado la libertad y más. Su pueblo, que había sobrevivido a las cárceles polacas, está ahora muy a favor del gobierno soviético. Creo que debemos ayudar a acelerar la concesión de dicho permiso para ellos, así como la utilización de estas personas tras su regreso en nuestro interés».

Tras sopesar los pros y los contras, la dirección de la GPU decidió permitir a los makhnovistas entrar en Ucrania, donde estarían bajo estrecha vigilancia y serían menos peligrosos. En cuanto a los demás que permanecieron en el extranjero dirigidos por Makhno, debían ser vigilados de cerca y toda la información debía ser comunicada regularmente.

Esto continuó durante toda la década de 1920. En 1931 casi se repite la situación de los sucesos de 8 años atrás en Polonia, cuando Makhno supuestamente iba a asaltar las tierras ucranianas occidentales. En el expediente del caso «Makhno», varios documentos afirman que supuestamente fue visto en Lviv, donde estaba «reuniendo una banda» para marchar sobre Ucrania. En otros documentos, fuentes extranjeras informaron de que se encontraba en Besarabia, desde donde se dirigiría a Ucrania cuando comenzara el levantamiento en tierras ucranianas. Además, a Makhno se le atribuían incluso contactos con el general Andriy Shkuro, que supuestamente estaba creando cinco destacamentos de caballería de 100 sables cada uno en Polonia para cruzar a la URSS con los makhnovistas y apoyar el levantamiento contra los bolcheviques.

De hecho, todos estos rumores eran infundados. A principios de la década de 1930, el interés por Makhno disminuyó un poco. Entonces vivía en Vincennes, una ciudad cercana a París, estaba a menudo enfermo, vivía de sus ingresos ocasionales y se dedicaba principalmente a escribir memorias y a buscar fondos para publicarlas. Uno de los documentos de archivo titulado «Sobre el lugar de residencia y las actividades de Makhno», del 11 de octubre de 1931, dice «Desde el 30 de septiembre de este año, Makhno se encuentra en París. Hace unos meses, Makhno necesitaba desesperadamente un trabajo como pintor para pintar una de las casas del bulevar Raspay» (BSA del SZR de Ucrania. – F. 1. – Caso 7935. – Vol. 1. – P. 51). En otro documento de la residentura de París se afirma que Makhno trabajó como montador en la Exposición Colonial de Reno, trabajo que consiguió con la ayuda de un antiguo oficial Kryukov, que ocupa un puesto de responsabilidad en Reno.

En un documento fechado el 20 de noviembre de 1931 se afirma que «la situación financiera de todo el grupo parisino de anarquistas es bastante difícil. Ni Makhno, ni Voline, ni Arshinov tienen dinero». En particular, se informa de que Makhno «también está desempleado y, de hecho, vive a expensas de su esposa, que trabaja en casa de una familia como ama de llaves». Y el documento termina con la frase: «La situación financiera de Makhno es tan dura que teme ser desalojado de la habitación por falta de pago» (BSA del SZR de Ucrania. – F. 1. – Caso 7935. – Vol. 1. – P. 65-66).

El caso contiene un documento de la policía de París sobre Makhno fechado el 10 de noviembre de 1931, que dice: «Mikhnenko Néstor Ivanovych, conocido como Makhno, 40 años, calle Diderot de Vincennes. Vive en la caridad de los activistas anarquistas. Colabora con Liberter, en el que el 7 de febrero de 1931 publicó un artículo «Contra la tiranía bolchevique». Su compañera es Kuzmenko Halyna Andriivna, de 35 años, en el pasado maestra de escuela de Rusia». (BSA de la SZR de Ucrania. – F. 1. – Caso 7935. – Vol. 1. – P. 60).

Las opiniones políticas de Néstor Makhno en aquella época se evidencian de forma elocuente en un documento fechado el 20 de noviembre de 1931, titulado «Lazos de Besedovsky con Makhno». Hryhoriy Besedovsky era un diplomático soviético, en particular consejero de la embajada de la URSS en Francia en 1927. En 1929, huyó de la embajada y solicitó asilo político en Francia después de que un oficial de la OGPU de Moscú acudiera a entrevistarse con él. Temía ser detenido por malversación de fondos. Más tarde trató de demostrar a su entorno que había sufrido el régimen estalinista. Entonces buscó el apoyo de representantes de numerosos círculos de emigrantes en París, entre ellos Néstor Makhno. Según el documento, Makhno [presunto error en el original – debería decir Besedovsky] supuestamente «ayudó a publicar sus memorias y algunos sellos, como «Conversación con Lenin», «Hulyai Pole», etc.». También apoyó financieramente a Makhno, le prestó 250 francos.

Durante algún tiempo, otras personas y organizaciones políticas también trataron de aprovecharse de la pasada autoridad de Makhno. «Según Makhno», se lee en el mismo documento, «los anarquistas españoles cuentan con su autoridad y a veces se dirigen a él para pedirle consejo. Por ejemplo, les recomendó organizar un movimiento anarquista en el medio campesino y combinar este movimiento sobre una base federal con el movimiento obrero.

Incluso les recomendó organizar unidades de lucha de campesinos similares a los makhnovistas en Ucrania». Consideraba que el sistema bolchevique era lo suficientemente fuerte y, según el documento, «se muestra escéptico ante todas las iniciativas infantiles de emigración dirigidas a los intentos desesperados de invadir el territorio soviético».

Makhno consideraba que cualquier lucha de este tipo con los bolcheviques era inútil e innecesaria. En su opinión, el aparato administrativo del gobierno soviético penetraba tan profundamente en todas las esferas de la vida que excluía la posibilidad de que operaran en el país grandes destacamentos de partisanos.

Al final, una fuente no identificada concluye: «Makhno da la impresión de ser una persona que hace tiempo que ha superado su pasión atamánica, pero que aún conserva la popularidad que dan las grandes agitaciones» (BSA del SZR de Ucrania. – F. 1. – Caso 7935.- V. 1. – P. 49-51).

El documento de la policía de París menciona a la esposa de Makhno, Halyna, como su compañera de piso. En aquella época, tenían una relación realmente difícil. Ya no vivían juntos. Se señala que tenían opiniones políticas diferentes, en particular Halyna, en contraste con Néstor, supuestamente comenzó a simpatizar con el sistema soviético. En uno de los documentos se afirma que Dominika Kuzmenko, la madre de Halyna, que por aquel entonces vivía en el pueblo de Pishchanyi Brid, distrito de Novoukrainskyi, región de Odesa (actual región de Kirovohrad), comunicó a su entorno que su hija se había divorciado de Néstor.

La GPU siguió de cerca la correspondencia de Halyna con su madre y sus dos hermanos. En una de sus cartas a su hermano Mykola, anunciaba su intención de marcharse a América, y también pedía que se guardaran cuidadosamente en casa las fotos, los libros, los cuadros y las cartas, diciendo que «todo esto será un material valioso para los historiadores y el museo en el futuro». También preguntó «¿Cuántas escuelas hay hoy en día en nuestro pueblo? ¿Qué edificios se han construido en el pueblo después de la revolución? ¿Hay electricidad, carreteras asfaltadas, cine, coches, etc. en el pueblo? ¿Nos pondremos al día y superaremos a Estados Unidos? «(Bsa del szr de Ucrania. – F. 1. – Caso 7932.-V. 1. – P. 33).

Preguntas similares se hacía Makhno en sus cartas a los camaradas que vivían en Hulyai Pole, en particular al ayudante Ivan Lepetchenko. Lepetchenko formaba parte del pequeño grupo con el que Makhno se trasladó a Rumanía en agosto de 1921. Era leal a su Otamán. No es de extrañar que fuera Makhno quien le encomendara la tarea de encontrar oro y otros objetos de valor escondidos en la inmensidad del Campo Salvaje.

Los empleados de la GPU de la URSS se enteraron de estos planes. He aquí un mensaje fechado el 25 de julio de 1924 de un residente de Varsovia a la GPU de la RSS ucraniana: «… Según otros makhnovistas y jmarovistas, Makhno confiaba en Lepetchenko y éste desempeñaba las funciones de su ordenanza (o más bien, de su criado). En estos momentos Lepetchenko tiene dificultades económicas, ya que Makhno se había marchado a Danzig habiéndole dejado atrás y no puede alimentarse con su trabajo (Prof. Shvets).

A mediados de julio de este año, conoció a Chernyak (anarquista de Varsovia), quien le invitó a ir a Ucrania ilegalmente para apoderarse de los tesoros que él, Lepetchenko, había dejado atrás por instrucciones de Makhno, y transportarlos a Polonia, ya que en ese momento estaban pasando por una crisis financiera, por la que él, Lepetchenko, recibiría una compensación adecuada. Lepetchenko aceptó».

Al cruzar la frontera, Lepetchenko fue detenido y obligado a mostrar algunos lugares donde estaban escondidos los tesoros, los objetos personales y los documentos de Makhno. Más tarde, toda su correspondencia con Makhno estuvo bajo el control de la GPU, y algunas de las cartas fueron escritas por el ayudante al dictado de los chekistas. La mayoría de esas cartas se guardaron en los maletines operativos de la contrainteligencia de la RSS de

Ucrania. En el maletín de la Oficina de Asuntos Exteriores del SPU de la GPU de la URSS «Makhno» hay una llamada «tela» – una nota escrita por Néstor Makhno a su ayudante en un pequeño trozo de tela de seda. Dice lo siguiente: «Iván, envíame fotos de todos nuestros parientes – S. Karetnyk y otros. Todos nuestros folletos, periódicos, deben ser envueltos en periódicos grandes y enviados a la dirección...» (BSA del SZR de Ucrania. – F. 1. – Caso 7932. – Vol. 1. – P.5).

Según el expediente, esta nota fue traída desde Makhno por un experimentado anarquista ideológico que pasó 15 años en el exilio en América, Alemania y Francia. Cosió la nota bajo el forro de su ropa para cruzar la frontera con seguridad. Antes de regresar a la URSS en 1928, recibió una serie de instrucciones de Petro Arshynov y Néstor Makhno para restablecer los vínculos con los antiguos anarquistas y makhnovistas, incluido Ivan Lepetchenko. En el expediente del caso, se le menciona como «Volkovskyi», a quien los chekistas involucraron en la cooperación y pretendían utilizar en el cultivo de Makhno, en particular para enviar con la tarea a Francia. Pero nunca tuvieron la oportunidad de hacerlo.

Al igual que Volkovskyi, Makhno, mientras estaba en el exilio, consideró repetidamente la posibilidad de volver a casa. Pero cada vez rechazó tales opciones por considerarlas poco realistas. En una carta a Ivan Lepetchenko, escribió que eso era imposible porque no había ninguna garantía de que su vida y su libertad fueran inviolables.

En 1934, tras una grave enfermedad, Néstor Makhno murió. La mayoría de sus camaradas, que habían huido a Rumanía con él, permanecieron en el extranjero el resto de sus días. Algunos, incapaces de soportar la dura y necesitada vida en el extranjero, volvieron a casa. Pero allí no encontraron la felicidad ni la paz.

La GPU-NKVD, cumpliendo la voluntad del partido, se dedicó de forma decidida y consecuente a la destrucción del makhnovismo como fenómeno. La carta informativa y circular de la OGPU de la URSS nº 34 «Sobre los anarquistas» señalaba:

«Hay que prestar especial atención a la lucha contra los restos del makhnovismo en Ucrania. Es necesario un trabajo sistemático para identificar a los antiguos miembros del ejército de Makhno, para mostrar sus actividades antisoviéticas en el período actual, y para eliminar aquellos elementos que son los organizadores de los grupos anarco-kulak en los pueblos».

A pesar de las amnistías pasadas para los makhnovistas, en 1937 muchos recordaron sus antiguos «pecados». El antiguo jefe del ejército insurgente, Viktor Bilash, fue detenido y asesinado a tiros. Como espía rumano y británico, Lev Zinkovskyi-Zadov fue fusilado en 1938. Dirigió el contraespionaje en el ejército de Makhno durante el último período de la lucha armada, y luego sirvió en la GPU-NKVD durante 13 años, siendo premiado repetidamente por sus jefes por su trabajo concienzudo. Ivan Lepetchenko fue detenido en repetidas ocasiones en la década de 1930. En octubre de 1937 fue fusilado por «actividad contrarrevolucionaria activa».

En la década de 1930, Hulyai Pole y los distritos circundantes de la región de Zaporizhia permitieron a las autoridades represivas llevar a cabo y sobrecumplir los planes de denuncia de los «enemigos del pueblo». Después de todo, decenas de miles de personas sirvieron en el ejército de Makhno. Como resultado, muchos de ellos fueron incluidos en las listas de los no confiables durante los años del totalitarismo, asesinados a tiros o condenados a largas penas de prisión.

Los seguidores de Néstor Makhno fueron vigilados por la NKVD-MGB-KGB en todos los años posteriores, hasta el colapso de la URSS. Tales eran las directrices ideológicas del Partido Comunista, y los servicios secretos, junto con las fuerzas del orden, las seguían estrictamente. Así lo demuestra uno de los últimos documentos adjuntos al caso. Un telegrama codificado del Departamento del KGB de la RSS de Ucrania en la región de Zaporozhye al jefe de la 1ª Dirección (Inteligencia Exterior) del KGB de la RSS de Ucrania, fechado el 28 de agosto de 1989, dice «Siguiendo las instrucciones de los órganos del partido, con el fin de desbaratar la planeada celebración por parte de los anarcosindicalistas del centenario del nacimiento del líder de sus bandas Makhno Néstor Ivanovych, estamos preparando documentos que exponen los crímenes cometidos por él durante la Guerra Civil y después de ella. Por favor, envíe sus instrucciones a nuestra dirección para familiarizarse con los materiales sobre Makhno, disponibles en el Grupo 10 de la Dirección» (BSA del SZR de Ucrania. – F. 1. – Caso 7932. – Vol. 1. – P 78).

La respuesta de Kyiv fue lacónica: no hay tales documentos en la Dirección. Y en otro documento, redactado por el jefe del Grupo 10, se afirma que los materiales sobre Makhno fueron comunicados al Jefe de la Dirección y al Jefe Adjunto del KGB de la RSS de Ucrania y se han dado instrucciones de no «dar nada a nadie sin su permiso».

A pesar de que el expediente del caso no contiene documentos que demuestren que Makhno cometió algún delito, en 1989 algunos jefes del servicio secreto, como lo demuestra la decisión tomada en Kiev, ya comprendían que la situación en el mundo y en la URSS había cambiado drásticamente y que era imposible actuar según las antiguas normas. Pronto comenzó el proceso de rehabilitación de las víctimas de la represión política. Miles de makhnovistas condenados por actividades contrarrevolucionarias antisoviéticas o como espías rumanos, polacos y alemanes fueron rehabilitados.

En los tiempos modernos, la figura de Makhno y el papel del movimiento insurgente campesino dirigido por él en la Revolución ucraniana de 1917-1921 han sufrido un importante replanteamiento, sobre el que ya se ha escrito mucho. Al mismo tiempo, los documentos de los archivos de la Inteligencia permiten arrojar luz sobre algunos episodios de otro periodo ajeno (el menos investigado y estudiado) de la vida del insurgente Atamán.

# ¿En qué medida pudo Makhno poner en práctica los ideales anarquistas durante la Guerra Civil Rusa?
## (2011)

Nacido el 26 de octubre (S.N. 7 de noviembre) de 1888 en Gulyai-Polye, Ucrania, Néstor Ivanovych Makhno fue un anarquista revolucionario y el atamán (comandante) más conocido del Ejército Revolucionario Insurgente de Ucrania durante la Guerra Civil Rusa[13].

Las cuestiones historiográficas relativas a la medida en que Makhno y los Makhnovistas implementaron los ideales anarquistas en el sureste de Ucrania han sido señaladas por el anarquista e historiador ruso contemporáneo Peter Arshinov. Las memorias del propio Makhno y el periódico *Put' k Svobode*, ambos valiosos materiales que documentan la actividad anarquista en Ucrania, se perdieron durante la Guerra Civil[14].

Con gran parte de las pruebas contemporáneas imposibles de reconstruir, los historiadores han intentado comprender la naturaleza del movimiento makhnovista y la «revolución social» en Ucrania con las pruebas supervivientes, al tiempo que separan el mito y la leyenda sobre Makhno de los hechos históricos. En este ensayo se argumenta que Makhno y el movimiento makhnovista se inspiraron en los ideales anarquistas en un intento de

---

13     Paul Avrich, *Anarchist Portraits* (Princeton University Press: Princeton, 1988), 112.

14     Peter Arshinov, *Historia del Movimiento Makhnovista (1918-1921)*, Lorraine Perlman y Fredy Perlman (trans.) (Black & Red: Detroit, 1974), 14.

establecer un «sistema soviético libre y completamente independiente de trabajadores sin autoridades» durante la Guerra Civil[15].
Sin embargo, la propia guerra obstaculizó el desarrollo político
y económico del «territorio libre» anarquista antes de ser finalmente derrotado y disuelto por el Ejército Rojo dirigido por los
bolcheviques en agosto de 1921.

Para entender el contexto del intento de Makhno de implantar el anarquismo en el sureste de Ucrania durante la Guerra
Civil, es importante considerar la inspiración y el desarrollo de
dichos ideales. El propio Makhno, de origen campesino ucraniano pobre y que trabajó como aprendiz de artista y obrero del
hierro en su adolescencia, se había unido al Grupo Campesino de
Anarcocomunistas en Gulyai-Polye en 1906 a la edad de diecio-
cho años en respuesta a la represión de las autoridades zaristas[16].

Sus primeras actividades anarquistas de robo y terrorismo le
llevaron a ser detenido en varias ocasiones, antes de ser finalmente
condenado a muerte en 1910; más tarde se le conmutó la pena por
la de cadena perpetua y finalmente fue liberado en 1917 debido a
una amnistía general tras la Revolución de Febrero[17].

Las propias experiencias de Makhno como campesino y trabajador urbano, así como la represión del régimen zarista, fueron
un factor importante para motivar su intento de implantar el anarquismo y su virulento odio hacia la clase dominante y el Estado.
En sus memorias, Makhno relató sus experiencias trabajando en
una rica finca menonita a los once años:

> En esa época empecé a sentir rabia, envidia e incluso odio
> hacia el terrateniente [Janzen] y especialmente hacia sus hijos,
> esos jóvenes holgazanes que a menudo pasaban por delante de
> mí lisos y sanos, bien vestidos, bien arreglados y perfumados;

---

15   Sección Cultural-Educativa del Ejército Insurgente (Makhnovista), *¿Qué son
     los makhnovistas y por qué luchan?* (27 de abril de 1920).
16   Avrich, *Retratos anarquistas*, 112.
17   Ibid, 112.

mientras que yo estaba mugriento, vestido con harapos, descalzo y apestando a estiércol por limpiar el establo de los terneros.[18]

Paul Avrich ha señalado que Makhno era ante todo un campesino y un obrero, no un filósofo ni un teórico político, pero conocía bien las ideas anarquistas de Mijaíl Bakunin y Peter Kropotkin y luchaba por una sociedad sin clases, sin Estado y sin dinero en el sureste de Ucrania[19].

Sin embargo, la medida en que Makhno y los majnovistas aplicaron las teorías del anarco-colectivismo y del comunismo en la práctica durante la Guerra Civil es discutible y se discutirá en su momento.

El regreso de Makhno a Gulyai-Polye tras su liberación de la cárcel y su participación en la organización de los sindicatos de campesinos en 1917 le llevaron a adquirir lo que Edward Kantowicz considera una imagen ucraniana de «Robin Hood», con grandes propiedades expropiadas a la rica nobleza y entregadas a los campesinos[20]. La Unión Campesina anarco-comunista (o Soviet Gulyai-Polye después de agosto de 1917) dirigida por Makhno había usurpado el poder nominal del Comité Social pro-Kerensky en el área local en marzo de 1917, y con ello, el poder ejecutivo en los asuntos políticos, sociales y económicos. El papel de Makhno como líder campesino y organizador entre las revoluciones de febrero y octubre en Gulyai-Polye y en la provincia de Ekaterinoslav en general se aleja de la actividad terrorista y criminal de su adolescencia, que le llevó a la cárcel. Hasta agosto de 1917, la conformidad de Makhno con las autoridades locales y de distrito como representante campesino elegido para imponer

---

18    *Néstor Makhno, La revolución ucraniana*, Malcolm Archibald y Will Firth (trans.) (Black Cat Press: Edmonton, 2011), 16.

19    Avrich, *Anarchist Portraits*, 112.

20    Edward R. Kantowicz, *The Rage of Nations* (Wm. B. Eerdmans Publishing: Michigan, 1991), 173.

impuestos puede considerarse incluso una contradicción con los ideales anarquistas contra el Estado[21].

La receptividad del campesinado a los ideales y políticas de Makhno en Gulyai-Polye y sus zonas rurales circundantes puede explicarse quizás por la resistencia anterior a las reformas de Stolypin en la provincia de Ekaterinoslav desde 1905-06 en defensa del sistema comunal obshchina[22].

Las políticas expropiatorias promulgadas por la Unión Campesina bajo el liderazgo de Makhno resultaron ser exitosas, produciendo mayores cosechas por parte de los campesinos que querían trabajar la tierra que poseían y controlaban y no para otra persona[23].

Sin embargo, aunque la plataforma y las políticas de Makhno y de la Unión de Campesinos en 1917 pueden describirse como influenciadas por los ideales anarco-comunistas, las condiciones políticas y económicas de expropiación de la tierra a los campesinos no pueden considerarse una sociedad anarquista, ya que todavía no exigían el derrocamiento del Estado y del capital. Además, Michael Palij ha afirmado que «sería un error suponer que los campesinos de la región del movimiento de Makhno eran anarquistas; en realidad, sabían y les importaba muy poco el anarquismo o el marxismo»[24]. Por esta razón, las actividades de Makhno y del movimiento majnovista en Gulyai-Polye y sus alrededores entre 1917-18 deben considerarse como un movimiento campesino inspirado en el anarquismo para promulgar la reforma agraria, y no como anarco-comunismo en la práctica. Las reformas populares de la tierra llevadas a cabo por la Unión Campesina bajo el liderazgo de Makhno en Gulyai-Polye,

---

21   Danilov y Shanin, *Néstor Makhno, Krest'yanskoe dvizhenie*, 38-39.

22   S. Kobytov, V. A. Kozlov y B. G. Litvak, *Russkoe krest'yanstvo. Etapy dukhovnogo osvobozhdeniya* (Moscú, 1988), 74.

23   *Narodne zhittya*, 17 de septiembre de 1917.

24   Michael Palij, *The Anarchism of Néstor Makhno, 1918-1921* (University of Washington Press: Seattle, 1976), 57.

aunque no eran necesariamente anarquistas, eran indicativas de lo que Peter Arshinov consideraba los orígenes del «movimiento de masas» makhnovista en el volnaya territoriya («territorio libre»)[25].

Estas actividades de agitación servirían como precursoras del desarrollo del movimiento makhnovista como organización política, económica y militar y de la asunción de Makhno del liderazgo militar desde el verano de 1918 hasta 1921.

Los orígenes de la «militarización» del movimiento makhnovista se encuentran en la Chjornaya Gvardiya (Guardia Negra), creada por la también revolucionaria anarquista Maria «Marusya» Nikiforova, que regresó a su Alexandrovsk natal en el verano de 1917 desde Petrogrado[26]. La primera utilizó el terror contra la burguesía e incitó a una unidad armada de la Guardia Negra reclutada en Gulyai-Polye a atacar con éxito al regimiento Preobrazhenskii en Orekhov en septiembre, con la desaprobación de este último. Mientras que Makhno prefería en ese momento perseguir los objetivos anarquistas a través de medios pacíficos, como la reforma agraria, el anarquismo de Marusya de lucha de clases violenta contra el Gobierno Provisional y los capitalistas locales demostró tener un efecto energizante en los trabajadores y campesinos de Gulyai-Polye. La creación de la Federación Anarquista de Alexandrovsk por parte de Marusya en agosto de 1917 es de especial interés debido a su acusación de que Makhno y los anarquistas de Gulyai-Polye estaban intentando formar un partido político para tomar el poder en el soviet y criticando su falta de lucha de clases directa[27]. El escritor anarquista convertido en bolchevique Victor Serge argumentó que los orígenes del brazo armado del movimiento makhnovista, el Ejército Revolucionario Insurgente de Ucrania, surgieron del destacamento de la Guardia

---

25  Arshinov, *Historia del movimiento majnovista*, 136.

26  V. Savchenko, *Avantyuristy grazhdanskoi voiny* (Izd-vo Folio/AST: Kharkov/Moscow, 2000), 71.

27  Malcolm Archibald, Atamansha: *The Story of Maria Nikiforova, the Anarchist Joan of Arc* (Black Cat Press: Dublín, 2007), 6-7.

Negra de Gulyai-Polye, aunque mucho más grande y organizado[28]. Se podría argumentar, por tanto, que fue el regreso de Marusya al sureste de Ucrania y su papel en el establecimiento de unidades armadas de la Guardia Negra durante 1917 lo que impulsó a Makhno y al movimiento majnovista de Gulyai-Polye a adoptar un enfoque más radical y de lucha de clases para aplicar los ideales anarquistas.

La Revolución de Octubre y la toma del poder por parte del Soviet de Petrogrado, dominado por los bolcheviques, recibió el apoyo táctico y vocal de muchos anarquistas de toda Ucrania y Rusia, incluidos Makhno y el Soviet de Gulyai-Polye, debido a los llamamientos a «todo el poder para los soviets»[29]. Sin embargo, el apoyo de los majnovistas a la Revolución de Octubre pronto se desvaneció en 1918 debido al Tratado de Brest-Litovsk firmado por la República Nacional Ucraniana independiente el 9 de febrero y el régimen bolchevique el 3 de marzo, que cedía grandes partes de Ucrania al control austrohúngaro y alemán[30]. Además, gran parte del campesinado se sintió decepcionado por el fracaso de la Rada Central de la UNR en la aplicación de un programa nacional de reforma agraria y mostró una abierta hostilidad hacia el régimen del Hetmanato cuasi feudal establecido el 29 de abril por Pavlo Skoropadskyi mediante un golpe de Estado. El Tratado de Brest Litovsk puede considerarse como un catalizador del movimiento majnovista en Ucrania, ya que atrajo el apoyo de un campesinado cada vez más radicalizado, que se unió a las bandas campesinas del atamán Nikifor Grigoriev o al Ejército Revolucionario Insurgente de Makhno[31]. La oposición genera-

---

28  Victor Serge, *Year One of the Russian Revolution* (Holt, Rinehart and Winston: Chicago, 1970), 158.
29  Néstor Makhno, *La lucha contra el Estado y otros ensayos*, Alexandre Skirda (ed.) y Paul Sharkey (trans.) (AK Press: Edimburgo, 1996), 3-4.
30  Makhno, *La lucha contra el Estado*, 6-7.
31  Orest Subtelny, *Ukraine: A History* (University of Toronto Press: Toronto, 1988), 360.

lizada a la ocupación austrohúngara y alemana de Ucrania bajo los auspicios de la Rada Central y el Hetmanato había impulsado al campesinado del sureste de Ucrania a apoyar al ejército de Makhno, en gran parte debido a las actividades políticas y económicas emprendidas por los anarquistas en Gulyai-Polye y Alexandrovsk en 1917 y principios de 1918.

El intento de los majnovistas de implantar los ideales anarquistas a gran escala en el sureste de Ucrania mediante el establecimiento de «soviets libres» formados por campesinos y obreros hizo necesaria la formación del Ejército Revolucionario Insurgente para defender los logros alcanzados en Gulyai-Polye y sus alrededores[32]. La creación de una rama militar oficial del movimiento majnovista también animó a Makhno y a sus camaradas a pasar a la ofensiva a finales de 1918 y a extender sus ideales anarquistas más allá de su bastión de Gulyai-Polye. La fuerza militar majnovista alcanzó su punto álgido a finales de 1919, con 83.000 soldados de infantería, 20.135 de caballería, 1.435 ametralladoras, 118 cañones de artillería, siete trenes blindados y varios carros blindados y tachankas[33].

La naturaleza del ejército en relación con los principios anarquistas ha sido fuente de controversia dentro de la historiografía, especialmente la cuestión de la «movilización voluntaria» y el reclutamiento. Avrich ha sugerido que los majnovistas, en respuesta a las condiciones de la Guerra Civil en varios frentes, utilizaron el reclutamiento en las zonas en las que operaban[34]. Sin embargo, otros estudiosos como Michael Malet han cuestionado esta tesis, citando pruebas tanto de los majnovistas apelando a los voluntarios en lugar de ordenar el reclutamiento en 1920 como las declaraciones de Trotsky corroborando que los majnovistas

---

32    Alexandre Skirda, *Néstor Makhno: Anarchy's Cossack* (AK Press: Edimburgo, 2004), 86.

33    A. V. Belash y V. F. Belash, Dorogi Néstora *Makhno: istoricheskoe povestvovanie* (Proza: Kiev, 1993), 340.

34    Avrich, *Anarchist Portraits*, 121.

carecían de la capacidad de hacer cumplir el reclutamiento[35]. Tanto en la teoría como en la práctica, los majnovistas aplicaban los conceptos anarquistas de una milicia voluntaria en la que se animaba a los campesinos y a los trabajadores a apoyar la causa majnovista a través de sentimientos morales del deber, en lugar de la coerción[36].

A pesar de pedir la abolición de la Cheka y de otras «instituciones autoritarias y disciplinarias obligatorias» en su declaración del 7 de enero de 1920, los majnovistas han sido acusados de mantener sus propias fuerzas de contrainteligencia durante la Guerra Civil[37]. Desde abril de 1919, la sección civil de la Kontrrazvedka operaba desde las ciudades de Maryupol y Berdyansk y tenía la responsabilidad de la logística dentro del movimiento majnovista, como el suministro de provisiones para el ala militar[38]. La actividad de la Kontrrazvedka en asuntos civiles y la confiscación forzosa de suministros fue fuente de críticas por parte de los anarquistas de Ucrania, y el propio Makhno comentó que sus acciones le causaban «angustia mental y vergüenza cuando tenía que disculparse por sus excesos»[39]. En el contexto de la Guerra Civil en varios frentes contra numerosos enemigos, el enfoque de la logística de la Kontrrazvedka no era particularmente anormal; sin embargo, eran totalmente incoherentes con los principios anarquistas de libre asociación económica, ayuda mutua y no coerción, siendo más característicos de la prodrazvyorstka bolchevique (confiscación de grano)[40].

---

35   Michael Malet, *Néstor Makhno in the Russian Civil War* (MacMillan Press: Londres, 1982), 105-106.

36   Palij, *El anarquismo de Néstor Makhno*, 155.

37   Soviet Militar Revolucionario y Estado Mayor del Ejército Revolucionario Insurgente de Ucrania (Makhnovista), Declaración (7 de enero de 1920).

38   Vyacheslav Azarov, *Kontrrazvedka: The Story of the Makhnovist Intelligence Service* (Black Cat Press: Edmonton, 2008), 9.

39   Alexandr Shubin, *Anarkhiya – mat poryadka* (Moscú, 2005), 272.

40   V. I. Lenin, *Obras Completas* (Editorial Progreso: Moscú, 1965), 187.

Uno de los principales defectos del movimiento majnovista fue su fracaso a la hora de implantar e integrar con éxito los ideales anarquistas en la vida urbana civil. En su punto álgido, la volnaya territoriya comprendía una amplia zona en el sureste de Ucrania con una población de siete millones de habitantes, incluyendo las ciudades de Berdyansk, Donetsk, Alexandrovsk, Ekaterinoslav y su capital no oficial de Gulyai-Polye[41].

La Confederación de Organizaciones Anarquistas, también llamada Nabat, se desarrolló de forma independiente al movimiento makhnovista, aunque mantuvo estrechos vínculos, y desarrolló una fuerte presencia en ciudades del sur de Ucrania como Járkov[42]. El movimiento makhnovista y la Nabat trabajaron juntos en Ucrania con el objetivo común de difundir las ideas anarquistas, y la Sección Cultural-Educativa del Ejército Insurgente estaba compuesta en gran parte por agitadores y teóricos de la Nabat, como Voline[43]. Sin embargo, sería incorrecto identificar a Nabat como un órgano del movimiento makhnovista o viceversa, ya que el primero criticaría a menudo la conducta militar del segundo, las alianzas con el Ejército Rojo bolchevique y especialmente las acciones judiciales y punitivas de la Kontrrazvedka durante la Guerra Civil[44]. Esto acabaría provocando una ruptura entre Nabat y los majnovistas a finales de 1920, con Aron Baron llegando a criticar el liderazgo de Makhno como «napoleónico» y sólo Voline y algunos otros manteniendo su apoyo a la causa majnovista[45].

La inexperiencia de los majnovistas en la administración de las economías urbanas se puso de manifiesto durante su ocupación

---

41    Peter Marshall, *Exigir lo imposible* (PM Press, 2010), 473.

42    Paul Avrich, «El anarquismo ruso y la guerra civil», *The Russian Review* (1968), 296-306 (298).

43    Sección Cultural-Educativa (Makhnovista), *Quienes son los makhnovistas* (27 de abril de 1920).

44    Malet, *Néstor Makhno*, 172.

45    Ibid.

de Ekaterinoslav y Aleksandrovsk a finales de 1919, ya que su decisión de hacer que toda la moneda fuera de curso legal, una contradicción con los ideales anarco-comunistas, condujo a la confusión y a la inflación en las ciudades[46]. Peter Arshinov explicó el fracaso del movimiento mahknovista en la aplicación del anarquismo, en primer lugar, por su preocupación por los asuntos militares, que culminó con la derrota final a manos del Ejército Rojo en agosto de 1921, tras el segundo repudio de Trotsky a la alianza[47]. En segundo lugar, la «cobardía» y el purismo de los anarquistas rusos al negarse a apoyar a los majnovistas con las herramientas educativas e intelectuales necesarias para afianzar el anarquismo como movimiento de masas no consiguieron hacer de los majnovistas un movimiento teóricamente coherente[48].

En conclusión, Néstor Makhno y sus camaradas habían logrado sentar las bases del desarrollo anarquista durante la Guerra Civil rusa al construir un movimiento de masas campesino para desafiar al capital y al Estado. Sin embargo, la preocupación de luchar en una guerra en casi cuatro frentes durante toda la existencia del experimento anarquista, plagó el desarrollo económico, político y social de los ideales anarquistas. Además, como señalan los historiadores contemporáneos, la falta de apoyo entre la intelectualidad anarquista rusa para dotar de una amplia estructura teórica al movimiento majnovista fue un factor crucial en el estancamiento del anarquismo en Ucrania y Rusia, lo que condujo a la destrucción del movimiento a manos del régimen bolchevique de la que nunca se recuperó.

Kolbjørn Markusson

---

46     Avrich, *El anarquismo ruso y la guerra civil*, 299.
47     Arshinov, *Historia*, 117.
48     Arshinov, *Historia*, 136-137.

# Bibliografía

Archibald, Malcolm. *Atamansha: The Story of Maria Nikiforova, the Anarchist Joan of Arc* (Black Cat Press: Dublin, 2007).

Arshinov, Peter. *History of the Makhnovist Movement (1918–1921)*, Lorraine Perlman and Fredy Perlman (trans.) (Black & Red: Detroit, 1974).

Avrich, Paul. 'Russian Anarchism and the Civil War', *The Russian Review* (1968), 296-306.

Avrich, Paul. *Anarchist Portraits* (Princeton University Press: Princeton, 1988).

Azarov, Vyacheslav. *Kontrrazvedka: The Story of the Makhnovist Intelligence Service* (Black Cat Press: Edmonton, 2008).

Belash A. V. and Belash, V. F. *Dorogi Néstora Makhno: istoricheskoe povestvovanie* (Proza: Kiev, 1993).

Cultural-Educational Section of the Insurgent Army (Makhnovist), *WHO ARE THE MAKHNOVISTS AND WHAT ARE THEY FIGHTING FOR?* (27 April 1920).

Danilov V. and Shanin T. (eds.), Néstor Makhno, *Krest'yanskoe dvizhenie na Ukraine. 1918–1921. Dokumenty i materialy* (ROSSPEN: Moscow, 2006).

Kantowicz, Edward R. *The Rage of Nations* (Wm. B. Eerdmans Publishing: Michigan, 1991).

Kobytov, S., Kozlov, V. A. and Litvak, B. G. *Russkoe krest'yanstvo. Etapy dukhovnogo osvobozhdeniya* (Moscow, 1988).

Lenin, V. I. *Collected Works* 32 (Progress Publishers: Moscow, 1965).

Magocsi, Paul Robert. *A History of Ukraine* (University of Toronto Press: Toronto, 1996).

Makhno, Néstor. *The Struggle Against the State and Other Essays*, Alexandre Skirda (ed.) and Paul Sharkey (trans.) (AK Press: Edinburgh, 1996).

Makhno, Néstor. *The Ukrainian Revolution*, Malcolm Archibald and Will Firth (trans.) (Black Cat Press: Edmonton, 2011).

Malet, Michael. *Néstor Makhno in the Russian Civil War* (MacMillan Press: London, 1982).

Marshall, Peter. *Demanding the Impossible* (PM Press, 2010).

*Narodne zhittya*, 17 September 1917.

Palij, Michael. *The Anarchism of Néstor Makhno, 1918-1921* (University of Washington Press: Seattle, 1976).

Revolutionary Military Soviet and Command Staff of the Revolutionary Insurgent Army of the Ukraine (Makhnovist), *Declaration* (7 Janurary 1920).

Savchenko, V. *Avantyuristy grazhdanskoi voiny* (Izd-vo Folio/AST: Kharkov/Moscow, 2000).

Serge, Victor. *Year One of the Russian Revolution* (Holt, Rinehart and Winston: Chicago, 1970).

Shubin, Alexandr. 'The Makhnovist Movement and the National Question in the Ukraine, 1917–1921', in *Anarchism and Syndicalism in the Colonial and Postcolonial World, 1870-1940: The Praxis of National Liberation, Internationalism, and Social Revolution*, Steven Hirsch and Lucien van der Walt (eds.) (BRILL: Leiden, 2010).

Shubin, Alexandr. *Anarkhiya – mat poryadka* (Moscow, 2005).

Skirda, Alexandre. *Néstor Makhno: Anarchy's Cossack* (AK Press: Edinburgh, 2004).

Subtelny, Orest. *Ukraine: A History* (University of Toronto Press: Toronto, 1988).

# OBITUARIO DE NÉSTOR MAKHNO [1888-1934]

## (1934)

El 25 de julio murió en el Hospital Tenon y el 28 de julio fue incinerado en el cementerio Pere-Lachaise de París el anarquista Néstor Makhno, ampliamente conocido como el instigador esencial del gran movimiento de masas en Ucrania (Rusia del Sur), un movimiento fuertemente influenciado por las tendencias libertarias y que tuvo lugar después de la revolución de 1917. Más que instigador intelectual, Makhno fue el notable organizador del poder material de este movimiento, es decir, la defensa armada. Con dedicación, heroísmo sin precedentes y perseverancia inquebrantable, y finalmente también con sorprendente destreza y habilidad estratégica, este simple campesino, que apenas sabía leer, supo mantener en jaque durante cuatro largos años (1917-21) a las fuerzas, a veces considerables, de las más diversas direcciones: los blancos, los austriacos y los alemanes, Skoropadsky, las tropas de Petlyura, los bolcheviques, etc, todos los cuales, a su vez, se habían propuesto destruir a Makhno y a todo su ejército y establecerse como amos absolutos en Ucrania. Durante cuatro años, la llamada Makhnovchina defendió con maravilloso éxito la plena libertad de acción de las masas trabajadoras de una vasta región contra toda clase de invasores violentos que tenían a su disposición tropas bien dirigidas, bien equipadas y bien armadas.

Néstor Makhno nació en 1889 en Gule-Pole, una importante ciudad del departamento ucraniano de Ekaterinoslav. Hijo de un campesino muy pobre, conoció los horrores de la miseria en su infancia. A los 7 años ya tenía que trabajar como pastor. Más tarde se ganó el pan amargamente como trabajador manual y fundidor. Todavía no tenía 17 años y apenas había aprendido a leer cuando ya devoraba la literatura revolucionaria secreta con sed de conocimiento, conoció a los revolucionarios de las diferentes direcciones y finalmente se decidió por la dirección comunista-anarquista, a la que permaneció fiel toda su vida.

Tras formarse una convicción, pasó a la acción. En la Rusia zarista, el terrorismo era una forma de acción que siempre se apoderaba de los revolucionarios más jóvenes. Makhno se unió a un grupo terrorista anarquista y participó en varios asesinatos contra la policía local. En 1908 fue detenido y poco después condenado a muerte. Como era menor de edad, (…) se le conmutó el trabajo. Cumplió su condena en Moscú: la famosa prisión de Butirki. Allí aprovechó su soledad para completar su educación primitiva. La Revolución de Febrero de 1917 le dio la libertad.

De vuelta a Ucrania, Makhno reanudó la lucha. Hasta la ocupación de Ucrania por las tropas austro-alemanas (primavera de 1918), su actividad entre las masas fue principalmente de carácter económico-social. Buen orador de masas, buen organizador, trató sobre todo de iluminar y organizar a las masas campesinas para las próximas luchas. Su popularidad crecía cada vez más. Su acción se extendió. En estas circunstancias, el gobierno bolchevique, tras llegar al poder en octubre de 1917, concluyó la Paz de Brest-Litovsk. Poco después, Ucrania fue invadida por las tropas. Comenzó la lucha armada, la guerra civil. Este fue también el comienzo de la actividad «militar» de Makhno.

Obligado a abandonar la lucha relativamente pacífica para defender la posibilidad de poder librarla, Makhno tomó las armas. Reunió y organizó a las masas campesinas para la nueva lucha que se les imponía. A partir de ese momento, y hasta el último día de su estancia en Rusia, Makhno tuvo que luchar con el fusil en la mano contra todas las fuerzas que, bajo un pretexto u otro, intentaban volverse contra la Revolución Social en Ucrania y la libertad de acción de las masas trabajadoras. La última de estas fuerzas, el Ejército Rojo, cuyas numerosas divisiones fueron enviadas por el gobierno de Moscú contra el pequeño ejército Makhnovista, acabó con el movimiento y obligó a Makhno a huir al extranjero (1921).

Malherido varias veces, debilitado por la tuberculosis que había contraído en prisión, Makhno huyó a Polonia, luego a Danzig, a Berlín y finalmente a París. Su vida de emigrante fue una muerte lenta, tanto física como moral, pues su espíritu de lucha sólo podía someterse con dificultad a la inactividad forzada. Durante 13 años más, su fuerte y resistente organismo luchó contra lo inevitable. Llevaba varios meses sin salir de la cama del hospital. Tras su muerte, se descubrió que sus dos pulmones habían sido completamente destruidos por la enfermedad. Creemos saber que Makhno aún encontró tiempo para terminar sus memorias, cuyo primer volumen ya ha aparecido, y cuyos otros dos son esperados con interés por todos los que siguen los tormentosos acontecimientos de nuestra época.»

Asociación Internacional de Trabajadores (AIT)

El anarquismo no depende de teorías o programas que
intenten comprender la vida del hombre en su totalidad.
Es una enseñanza que se basa en la vida real,
que supera todas las limitaciones artificiales,
que no pueden ser restringidas por ningún sistema.

Néstor Makhno

# Mochila económica

En un ejercicio de transparencia, hemos decidido exponer cuáles son los costes que hay detrás de la publicación de cada libro. Creemos totalmente necesaria la accesibilidad a la cultura y la necesidad de generarla desde posiciones críticas. Intentamos que los precios de nuestros libros no sean desorbitados y que, a su vez, sean viables para sostener el proyecto. Esperamos que esto ayude a las lectoras a tomar consciencia de lo que supone. El precio de venta de este libro se divide de la siguiente forma:

| | |
|---:|:---|
| Trabajo de impresión y posimpresión: | 3,40€ |
| Trabajo de edición y corrección: | 1,66€ |
| Recuperación de la inversión: | 2,20€ |
| Trabajo de distribución: | 2,00€ |
| Librería u otros: | 4,20€ |
| IVA: | 0,54€ |
| | |
| PVP: | 14€ |

# ECOLOGÍA DEL LIBRO

Cada vez que se comparte un libro, el impacto ecológico de haberlo producido se divide entre dos. Si se comparte de nuevo, se divide entre cuatro... Así, hasta el infinito.

Por eso incluimos, en cada una de nuestras ediciones, una hoja de más; para que se anoten las personas que han compartido el mismo libro.

**Nombre**              **Lugar**              **Fecha**

La presente obra se acabó de imprimir
en marzo del 2026, Barcelona.
A 92 años de la muerte de Makhno
recordamos una de sus múltiples enseñanzas:
*Sólo la persona que ha logrado liberarse de las cadenas de la opresión y
ha visto todos los horrores que se perpetran contra la raza humana puede
convencerse de que su libertad y la de su prójimo son inviolables, como lo
son sus vidas, y que su prójimo es su hermano.*